Ernst Decsey
Franz Lehár

SEVERUS

Decsey, Ernst: Franz Lehár
Hamburg, SEVERUS Verlag 2013
Nachdruck der Originalausgabe von 1930

ISBN: 978-3-86347-756-1
Druck: SEVERUS Verlag, Hamburg, 2013

Der SEVERUS Verlag ist ein Imprint der Diplomica Verlag GmbH.

Bibliografische Information der Deutschen Nationalbibliothek:
Die Deutsche Nationalbibliothek verzeichnet diese Publikation in der Deutschen Nationalbibliografie; detaillierte bibliografische Daten sind im Internet über http://dnb.d-nb.de abrufbar.

© **SEVERUS Verlag**
http://www.severus-verlag.de, Hamburg 2013
Printed in Germany
Alle Rechte vorbehalten.

Der SEVERUS Verlag übernimmt keine juristische Verantwortung oder irgendeine Haftung für evtl. fehlerhafte Angaben und deren Folgen.

ERNST DECSEY

FRANZ LEHÁR

Mit 15 Text- und 18 Tafelbildern,
12 Notenbeispielen
und einer Partiturbeilage

2. Auflage

Inhaltsverzeichnis:

	Seite
Die Wohnung eines Ruhms	9
Der Militärkapellmeister	15
Die Operette	38
Die neue Operette	53
Der Erfolg	59
Das neue Genre	66
Der intime Lehár	82
Die Kompositionen von Franz Lehár	95

There was a composer namend Lehár
Who wrote the Merry Widow, by garl,
But after you've heard
It whistled a thousand times
You'd like to meet Lehár on a dark night in an alley.

„Es gab einen Komponisten namens Lehár, der ‚Die lustige Witwe' schrieb. Aber, wenn man sie tausendmal hat pfeifen hören, möchte man Lehár in einer schwarzen Nacht auf der Gasse begegnen".
(Amerikanische Karikatur).

DIE WOHNUNG EINES RUHMS

Im Dachgeschoß seines Wiener Hauses hat Franz Lehár eine intime Lehár-Ausstellung eingerichtet. Es sind mehrere unbewohnbare, eiskalte Zimmer, tapeziert mit Zeitungsausschnitten, Bildern, Photos, die er in müßigen Stunden nach militärischer Gewohnheit sauber gereiht und geordnet hat, die die Wände von oben bis unten füllen, ein Museum seines Ruhms.

Die Ausstellung reicht von den ersten Komponierversuchen bis zur „Eva" und zum „Grafen von Luxemburg". Sie entfaltet die Geschichte der „Lustigen Witwe" und hört damit vorläufig auf. Der Ruhm von „Endlich allein" und der Spätwerke bis zur „Friederike" wird sein eigenes Zimmer brauchen. Vorläufig schlummert er noch in mehreren großen gelben Koffern. Jedes Jahr kommt einer dazu.

Besucher dieses Privatmuseums brauchen viel Zeit. Es ist weit umfangreicher als das Johann-Strauß-Museum, das dessen Witwe hütete. Ein moderner Erfolg füllt diese Wände. Erinnerung an Erinnerung. Die Chronik eines fröhlichen Welteroberers.

In der Mitte hängt der Schlager: Lehár selbst, aber unsichtbar auf einer kleinen Zeichnung, Karikatur aus einem Wiener Witzblatt. Die Lehár-Runde im Café Museum ist darauf abgebildet: man sieht den Direktor Karczag, die Textdichter, die Darsteller, alle Lehárianer, alle, nur Lehár selbst nicht, weil er, wie die Umschrift sagt, jede Woche irgendwohin verschwindet, um eine 100. Aufführung zu dirigieren.

Das war 1907, zwei Jahre nach der Uraufführung. Dennoch konnte Lehár seiner „Lustigen Witwe" nicht überallhin folgen. Im Jahre 1908 war sie in Ceylon, in Manana und in Tsingtau, erschien als „Viuva alegra" in Lateinamerika, als „Merry Widow" in Ostasien. Im Februar 1910 hörte sie der Kapitän D'Albertis, der eine Forschungsreise nach den Viktoriafällen unternahm, in einem Urwaldhotel am Zambesi von einer europäischen Gesellschaft, und, nach einer Bilderreihe im dritten Zimmer zu schließen, war im gleichen Jahr in Nordamerika eine „Merry-Widow"-Seuche ausgebrochen. Es gab Zigarren, Cakes, Schals, Salate, Korsetts, Cremes, Damenhüte, Hotels, die nach der „Lustigen Witwe" hießen, man kann sagen: die Welt war vom „Vilja-Lied" und vom „Dummen Reitersmann" erfüllt.

In Oslo rettet die „Lustige Witwe" in einer Saison das National-Theater vor dem Bankerott. Ein Erinnerungsbild zeigt den Direktor Björnson, der ihr Tränen nachweint, als sie nach vielen hundert Aufführungen verschwindet. In Kopenhagen erscheint sie als „Den glade Enke", Lehár dirigiert sie selbst, und auf den Wunsch Holger Drachmanns, dem sich das Publikum anschloß, muß er nach Schluß der Vorstellung mit seiner Violine auf die Bühne und persönlich den Hauptwalzer „Lippen schweigen" spielen, den die Darsteller noch einmal tanzen. In Triest demonstrieren die Jugoslawen, in Konstantinopel die Montenegriner gegen die in Pontevedra spielende Operette, in Spanien werden die Rekruten des Regiments Cordoba unter den Klängen eines „Lustigen-Witwen-Marsches" vereidigt. Sie ist in Marseille und in Lodz zu Hause, in Paris findet 1913 eine deutsche Vorstellung statt, in London wird sie auf jiddisch gegeben, und in Ungarn veröffentlicht um diese Zeit ein Witzblatt das Rätselbild des Mannes, der die „Lustige Witwe" noch nicht gesehen hat. Kurz, sie erlebt 18 000 Aufführungen in 10 Sprachen (an 142 deutschen, 154 amerikanischen, 135 englischen Bühnen) im Jahre 1910 allein.

Woher diese geographische Unbegrenztheit? Sie ergibt sich — keine Popularität ist grundlos — aus der melodischen Faszination des Weltpublikums durch ein unvergleichliches Naturtalent. Franz Lehár macht Musik für den Primitiven wie für den Snob, kurz, Musik für alle. Er lächelt heute im Triumph, aber seine Lorbeeren waren nicht billig erkauft. Vor seinem Erfolg stand der Schweiß, vor dem glänzenden Finish eine Herkulesarbeit. Mit „Endlich allein", 1914, hatte er den ersten Gipfel erreicht; aber mit bald sechzig Jahren trat er in eine neue Jugend und eroberte neue Gipfel, wiederholte 1929 mit „Friederike" den Welterfolg der „Lustigen Witwe". Er kann sich nicht an einem Erfolg beruhigen, nicht in Pension gehen wie Rossini, er hielte es mit sich nicht aus: „Nur hurtig fort und frisch gegraben ..."

Es reizt, dieses Leben zu untersuchen. Naturanlage, Phantasie, Erfindung, Fleiß, Ehrgeiz, kurz, alle Teilkräfte dieses monomanischen Talents bloßzulegen, um am Ende zu sehen, daß ein Urtrieb immer wieder von vorne beginnt, um sich selbst zu genügen.

DIE LEHÁR-RUNDE IM CAFÉ MUSEUM, WIEN

EVENING AMERICAN
WHEN THE TOWN GOES CRAZY
By T. E. Powers Copyright, 1908, by American-Journal-Examiner

Karikatur aus »THE EVENING AMERICAN« New York

DER MILITÄRKAPELLMEISTER

Es ist ein hübsches Spiel des Zufalls, daß Lehárs Vater einst an der gleichen Stätte als Musiker wirkte, die fünfzig Jahre später die Welttrompete des Sohnes werden sollte.

Franz Lehár d. Ä. stammte aus bäuerlichem Geblüt und war 1840 in Schönwald, am Fuß des Altvaters, geboren. Er kam zum Stadtkapellmeister Heydenreich in Sternberg in die Lehre, von da nach Wien, wo er 1855 Hornist im Theater an der Wien wird.

Er bringt sich kümmerlich durch, trachtet aber sein Los zu verbessern und läßt sich zur Musik des 5. Infanterie-Regiments assentieren. Hiermit blieb er der Familienüberlieferung treu, denn auch sein älterer Bruder Anton war Militärkapellmeister.

Die Abstammung der Familie väterlicherseits wird auf einen Marquis Le Harde zurückgeführt, der als kriegsgefangener Franzose von Russen aus Suworows Armee 1799 durch die mährische Hanna geführt wurde. Er entsprang jedoch und flüchtet auf das verfallene Schloß Brünnlitz bei Schönwald. Dort lernt er ein Bauernmädchen kennen, das ihn heimlich mit Lebensmitteln versieht, und das er später heiratet. Seine Nachkommen wurden Bauern. Wie dem nun sei — Abkömmlinge der Familie leben noch heute als Deutsche in Deutsch-Liebau — der alte Lehár gehörte zu den Tausenden, die aus den Sudetenländern nach Wien einwanderten und ihren Platz am Tisch der Großstadt mit Schweiß und Arbeit bezahlten.

Er fühlte die Lücken seiner musikalischen Bildung und besuchte deshalb das Wiener Konservatorium, auch dann noch, als er 1857 in die Armee eingetreten war. Er machte als Feldwebel die Schlachten von Magenta und Solferino mit, worauf er noch sieben Jahre in Italien blieb: ein zwar unfreiwilliger, aber anregender Aufenthalt im Land des Gesanges auf Kosten des Staates.

1863 wird Lehár sen. Kapellmeister des 50. Infanterie-Regiments Großherzog von Baden, komponiert 1866 auf dem Schlachtfeld von Custozza den Oliosi-Sturm-Marsch, der unter die historischen Märsche der Armee aufgenommen wird, und hat den Gipfel der Karriere erreicht.

1866 kommt Lehár nach Wien zurück, wird 1868 nach Komorn versetzt und findet dort einen treuen Kameraden, die Gefährtin seiner Lebenswanderungen, seine Frau. Sie hieß Christine Neubrandt, verstand aber trotz ihres Namens kein deutsches Wort, denn ihre Familie, hundert Jahre früher aus Schwaben nach Igmánd bei Komorn eingewandert, war längst verungart. Kaum vier Wochen mit ihr bekannt, entschließt Vater Lehár sich zur Heirat und am 30. April 1870 wird ihm in der Nádorgasse zu Komorn ein Sohn geboren, der den Namen Franz erhält.

Der alte Herr war eine echte Musikantennatur. Als er 1887 zum 89. Infanterie-Regiment nach Wien kommt, führt er sich als musikalischen Tausendsassa ein. Im Saal der Offiziersmesse war eine kleinere Orchesterabteilung untergebracht, der Musikhauptmann erschien mit Lehár, stellte ihn den Offizieren als Bewerber vor, der den Wunsch geäußert habe, eine Probe seines Könnens abzulegen. Hierauf übernimmt Lehár sen. die Leitung des Orchesters, wobei er einem Musiker nach dem andern das Instrument aus der Hand nimmt, darauf eigenhändig mitspielt, bis er schließlich beim Kontrabaß anlangt.

Vater Lehár hatte sich vom Bauernburschen in die geistige Sphäre aufgearbeitet und stellte sich mit Fahrbach, Czibulka, Komzák und Ziehrer in die Reihe der klassischen österreichischen Militärkapellmeister. Das Musikantenblut und den inneren Auftrieb vererbt er seinem Sohn, der dort anfängt, wo der Vater aufhörte: als Militärkapellmeister.

Das ist die Vorgeschichte des genialen Mischproduktes Franz Lehár.

Der kleine Franz wuchs als Tornisterkind auf, wie der Armeewitz im alten Österreich die Soldatenkinder nannte, die ihren Eltern gleichsam im Tornister von Garnison zu Garnison folgten. Er wurde durch die Städte Preßburg, Ödenburg, Karlsburg, Klausenburg, Pest, Prag, Wien, Sarajevo, Kronstadt, kreuz und quer durch das Bunterlei der Monarchie und ihre musikalischen Rassen geschleppt.

Im Alter von sechs Jahren komponiert er. Sein erstes Lied — es ist der Mutter gewidmet und spricht von den tiefen tragischen Erfahrungen, die ein junger Mann in diesem Alter hat, denn sein melancholischer Text beginnt: „Ich fühl's, daß ich tief innen kranke..." Zum Glück wurde der Komponist sehr bald gesund, aber die Harmonisierung zeigt schon die Dur-Moll-Mischung, die die Kadenz des späteren Meisters Lehár auszeichnet:

Das Rassische meldete sich sogleich. Im Alter von vier Jahren konnte er bereits die Begleitung zu einer gegebenen Melodie, auch in schwierigen Ton-

FRANZ LEHÁR SEN.
1870

arten mit vielen Kreuzen und Be's finden und machte das Mozartsche Kunststück nach, ein Thema bei verdeckten Tasten zu verändern.

Es waren Wunder und Zeichen, die die Eltern bisweilen erschreckten. Der Vater ließ sich eigens nach Pest versetzen, der Knabe Franz sollte das Gymnasium besuchen, und im Pester Piaristengymnasium hielt sich der Bub hauptsächlich nur deshalb, weil er in der Gesangstunde am Harmonium begleitete. Der Ordinarius zitierte den Vater Lehár einmal und eröffnete ihm: „Ihr Franz ist der liebenswürdigste Leichtsinn und die leichtsinnigste Liebenswürdigkeit, die mir je untergekommen ist..." ein Satz, der bis heute wahr blieb. Das alles kam vom musikantischen Blut und mit zehn Jahren war kein Zweifel mehr, daß Franz nicht Hofrat und Philologie-Professor werden wollte. Nun verstand er bloß Ungarisch — und da man mit Ungarisch in der Welt nicht

FRANZ LEHÁR,
3 JAHRE ALT

viel anfangen konnte, schickte ihn Vater Lehár nach Mährisch-Sternberg: er sollte Deutsch lernen.

Er verläßt das Elternhaus nach kurzem Kinderglück und wird Koststudent in Sternberg. Er bleibt dort bis 1882 und beschließt dann, Musiker zu werden.

Mit dem kleinen Franz war leicht auszukommen oder auch nicht. Er hing an seiner Mutter, benahm sich zärtlich, ließ mit sich reden — aber in gewissen Dingen setzte er seinen Kopf auf und der war aus Eisen.

Die ersten Worte, die er als Kind herausbrachte, lauteten: „Lanzi will . . .!" Und was Lanzi wollte, das setzte er durch. „Wenn irgendwo ein slawischer Wunsch begraben liegt und du baust eine Festung darüber" — sagt Michael Bakunin — „sie fliegt eines Tags in die Luft . . .!"

Den starren Kopf aber hatte Franz von seiner Großmutter mütterlicherseits geerbt, von Frau Christine Neubrandt (1810—1906), die eine zähe

CHRISTINE LEHÁR
GEB. NEUBRANDT

mit dem kleinen Franz
um 1875

Willensnatur war, sozusagen der Mann in der Familie. Während Klapka die Stadt Komorn verteidigte (1849), gebar sie auf einer Wiese unter dem Donner der Kanonen ihre Tochter, Lehárs Mutter. Durch ihre Energie brachte sie die ruinierte Familie bald wieder in die Höhe. Ihre Unbeugsamkeit vererbte sich auch auf Franz Lehárs Bruder Anton, den nachmaligen ungarischen General und Maria-Theresien-Ritter Baron Lehár, der in der Kriegs- und Nachkriegsgeschichte Ungarns eine hervorragende Rolle spielt.

Franz setzte es durch, daß er mit zwölf Jahren Schüler des Prager Konservatoriums wurde. Dieses Konservatorium wurde damals vom böhmischen Adel erhalten und besaß eine sehr humane Einrichtung: der Unterricht war für Schüler mit strenger Prüfung kostenlos. Dieser Umstand kam dem Vater sehr gelegen, es ging ihm knapp zusammen, die Familie war sehr zahlreich. Franz verbrachte manche kummervolle Nacht mit der berüchtigten Kreutzer-Etude Nr. 9. Einen Teil seines jungen Eifers widmete er der Harmonielehre, einen andern den ebenfalls an der Anstalt gelehrten humanistischen Fächern. Er war Schüler des Direktors Bennewiz und in Theorie des Prof. Förster, und wenn man sagt: er w o l l t e dessen bester Schüler sein, so weiß man das weitere. Heimlich nahm er noch bei Zdenko Fibich Privatstunden, bis es ihm verboten wurde, und so war sein Stundenplan voll besetzt. Früh zeigte er schon den sattelfesten Musiker. Bei einer Schlußprüfung bleibt der Geiger stecken und hilft sich mittels Phantasieren durch alle ihm bekannten Stücke weiter; Lehár am Klavier — er war der Favorit unter den Begleitern des Konservatoriums — phantasiert mühelos mit, niemand merkt etwas. Er selbst spielt 1888 bei seiner Austrittsprüfung das D-Moll-Konzert von Bruch (mit Orchester) im Rudolfinum. Und dabei lebte er von zehn Kreuzern Taschengeld.

Das Hundedasein, das keinem Künstler vom Schicksal geschenkt wird, bevor es ihn erhebt, ward ihm reichlich zugemessen. Seine Kostfrau ist so verschmiert, daß ihm vor den Tellern und Schüsseln graut. Darum mietet er in einem Gasthaus ein Zimmer. Das Essen ist dort gut, aber die Stiefelsohlen frieren ihm am Boden an und er muß seine Violinübungen tagsüber im Bett machen, denn unterhalb liegt ein Eiskeller. Die nächste Kostfamilie gibt dem jungen Menschen statt des Nachtmahls fünf Kreuzer und zu Mittag so wenig, daß er einmal auf der Gasse zusammenbricht.

Aber Lanzi beißt die Zähne zusammen. Er schreibt nie ein Wort der Klage nach Hause. Seine Mutter kommt einmal nach Prag auf Besuch, sieht das blasse Gesicht, bringt den Halbverwilderten etwas in Ordnung: er behauptet, er fühle sich ausgezeichnet. Sie geht beruhigt auf den Bahnhof. Als sich der Zug in Bewegung setzt, stürzt der ausgehungerte Sohn dem Wagen nach. Etwas kämpft sich durch seine Kehle: „Mutter, Mutter . . .!" Sie ahnt, was er verschwieg. Ohnmächtig bricht die Frau im Wagen zusammen. Mitreisende hatten sie am Hinausspringen verhindert.

Lange stand er in der Halle und sah dem Zug nach, der ihn nicht mitnahm. Es war der inspiratorische Augenblick schwerer Erfahrungen. Man darf — vielleicht — seiner Mutter von seinen Leiden erzählen, niemals andern. Fremdes Elend langweilt die Leute.

PROGRAMM

zu der

ersten öffentlichen Austritts-Prüfung

der

Instrumental-Zöglinge

am

Prager Conservatoriums für Musik

im Schuljahre 1888.

Sämmtliche Vortragsstücke theils mit Clavier- theils mit Orchester-Begleitung.

Donnerstag den 12. Juli im grossen Saale des Rudolfinum.

Anfang um 9 Uhr Morgens

Mit Orchester-Begleitung:
(Der 1. Gruppe)

1. Flöte: Gustav Klinger: Concertstück von *A. Terschak*.
2. Cello: Eduard Pavelka: D-dur Concert von *B. Molique*.
3. Trompete: Filipp Hartstein: Concert von *Smita*.
4. Violine: Franz Lehar: 2. Concert von *Max Bruch*.

Mit Clavierbegleitung:

5. Trompete: Franz Marek: Fantasie von *Th. Hoch*.
6. Violine: Wenzel Hedvik: Concert-Etude von *Ferd. David*.
7. Waldhorn: Rudolf Meissel: Introduction u. Rondo v. *Fr. Strauss*.
8. Violine: Eduard Sipanek: 2 und 3. Satz aus dem 7. Concerte von *Beriot*.
9. Violine: Josef Kunz: 1 Satz a. d. 2. Concerte v. *Vieuxtemps*.
10. Clarinette: Emil Skopek: 1. Satz a d 2. Concerte v. *C. M. v. Weber*.
11. Violine: Eugen Buresch: 1 Satz a. d. Concerte v. *Mendelssohn*.
12. Violine: Rudolf Anděl: 1. Theil a. d. 1. Concerte v. *H. Sitt*.

Mit Orchesterbegleitung:
(Der 2. Gruppe)

13. Clarinette: Thomas Chrastil: 1. Satz aus dem 1. Concerte von *C. M. v. Weber*.
14. Violine: Victor Novaček: 1. Satz a. d. Concerte v. *Mendelssohn*.
15. Harfe: Eduard Kareš: Concert von *P. Alvars*.
16. Fagott: Wilhelm Wittmann: Adagio u. Rondo aus dem Concert von *C. M. v. Weber*.

Zugang beim Porticus von der Salnitergasse.

Der Eintritt ist nur gegen Karten, die in der Instituts-Kanzlei (Rudolfinum) zu erheben sind, gestattet.

Gottlieb Schmelkes, Prag

Im übrigen hatte er auch immer Glück. Dur und Moll mischten sich in seine Lebenskadenz. Und ein Glücksfall war es, daß 1884 das 102. Infanterie-Regiment, bei dem sein Vater diente, nach Prag versetzt wird. Nun ist die Koststudenten-Not vorbei. Der junge Lehár besucht damals schon die Oberklassen des Konservatoriums, schlägt Triangel im Orchester, lernt die Instrumentalwerke Fibichs, Smetanas und Dvořáks und schließlich auch den wilden Dvořák selbst kennen. Direktor Bennewitz hat ihn dort eingeführt. Lehár hört die meisten Kammermusiksachen Dvořáks aus der Handschrift, eines Tages wagt er sich mit eigenen Arbeiten vor den Meister: eine Sonate à l'antique G-Dur, eine andere Sonate D-Moll. Dvořák sieht die Sachen an und weiß einen Rat: „Häng' die Geige an den Nagel und werde Komponist!"

Das zündet bei dem jungen Menschen. Ja, Komponist! Sogleich will er das Konservatorium verlassen, bei Fibich privat Komposition studieren. Aber sein Temperament wird vom Vater gehemmt: „Halt noch ein Jahr aus!" Der Alte weiß, ein Geiger findet immer sein Brot; ein Geiger, zumal Konservatorist, wird von jedem Orchester gesucht. Komponist ist eine fragliche Angelegenheit. Vater Lehár hat selbst eine Operette geschrieben: „Die Zaubernase". Sie ist sogar im Offizierskasino aufgeführt worden. Ging es ihm deshalb besser? Hat sein Oliosi-Sturm-Marsch ihm Reichtümer abgeworfen? Oder lebten Fibich, Smetana, Dvořák als Prasser?

Der stürmische Sohn hat inzwischen jene beiden Sonaten, die er Dvořák gezeigt, auch Johannes Brahms vorgelegt, und Brahms gab dem Vater seine Visitenkarte für Eusebius Mandyczewski, den bekannten Musikgelehrten und Archivar der Gesellschaft der Musikfreunde: „Die Beilagen sprechen und empfehlen weiter". (Eine Visitenkarte, die Mandyczewski allerdings nie erreichte, denn Lehár behielt sie als wertvolles Autogramm, noch heute prangt sie in seinem Museum.) Dem Vater gefallen die Sonaten, aber er verheimlicht es dem Sohn. Franz soll die hohe Geigenschule absolvieren, und Franz läßt sich in diesem Fall, ausnahmsweise, bereden. Er bleibt bis 1888, erhält sein Abgangszeugnis, verläßt das Konservatorium und zugleich die Stadt Prag.

Vater Lehár gab seine Stelle in Prag auf und übersiedelte ohne irgendeine andere nach Wien. Franz konnte und wollte seinen Eltern nicht auf der Schüssel liegen, also nahm er die erste sich bietende Stelle an: er ging als Primgeiger und später als Konzertmeister an die Vereinigten Theater von Barmen-Elberfeld, Direktion Gettke. Er erhielt 150 Mark Monatsgage und war dafür Tag und Nacht im Dienst.

Probe folgte auf Probe. Sinfoniekonzerte, Opern-, Operettenvorstellungen jagten einander. In beiden Theatern wurde abwechselnd gespielt, und die Kilopakete von Violinliteratur, die Franz mitgenommen hatte, um sie fleißig zu studieren, blieben als Erinnerung an wahnsinnige Frachtspesen in seinem Zimmer liegen.

Dazu meldete sich bei Franz frühzeitig das Graf-von-Luxemburg-Naturell, und seine 150 Mark gewährten ihm einige höchst mittellose Passionen. Aber der Vater war selbst ohne Einkünfte, und Franz hat niemals von Verwandten Geld geborgt. Wenn er etwas besaß, dann schenkte er gern — er selbst entlieh aber nichts, biß lieber die Zähne zusammen und hungerte. Es ist der Stolz des Hidalgo, der nur Mantel und Degen besitzt; die Geste des Kavaliers, der nichts nimmt und für alles dankt.

Dem Frondienst in Barmen-Elberfeld, der ihn immer stärker belastete, entkam Franz zuletzt durch einen Operettenstreich. Sein Vater hatte inzwischen eine Stelle als Militärkapellmeister in Wien gefunden und brauchte einen guten Sologeiger. Er dachte an Franz, aber Franz war leider gebunden. Vergebens alle seine Anstrengungen, um von Direktor Gettke loszukommen. Gettke verlangt einen Ersatzmann. Es wird überallhin nach einem Konzertmeister telegraphiert. Es meldet sich niemand, Lehár muß bleiben. Da brennt er eines Tages einfach durch. Er läßt die Sorgen hinter sich und telegraphiert seinem Vater: „Bin durchgegangen, kontraktbrüchig, Assentschein sofort einsenden!" Drei Tage darauf erscheint er in Wien und leistet den Eid des Soldaten. Die Assentierung schützte damals vor Verfolgung wegen Kontraktbruchs. Er tritt in die Kapelle des Infanterie-Regiments Nr. 50 ein, wo sein Vater Kapellmeister geworden war.

Die Barmen-Elberfelder Zeit war trotz alledem ein Teil von Lehárs Lehrzeit und trotz aller Versklavung ein Segen. Auf dieser freien Akademie des Betriebs lernte er das meiste. Der Orchesterklang bildete seinen Farbensinn aus; als Konzertmeister in zigeunerischen Geigensoli schwelgend, wurde er eine lebendige Vorstudie zu seinem eigenen Paganini. Auch der Komponist des „Tristan" hatte seine Vorstudien nicht an Konservatorien, sondern an kleinen Bühnen gemacht. Und das Handwerk, das Handwerk ist die Schatzkammer der schöpferischen Geister.

Seinem Vater hatte der kleine Franz einmal eine musikalische Gabe „Weihnachts-Stimmung" unter den Christbaum gelegt. Der Vater schenkte ihm dafür die Klavierauszüge von „Margarete", „Lohengrin" und „Carmen":

„Eifere diesen Meistern nach, dann wirst du es zu etwas bringen!" Das tat der junge Lehár, aber diese Auszüge blieben auch die einzigen, die er studierte. Er blieb ein Lehrling der Praxis. „Es ist doch komisch", pflegt er später zu sagen, „wieviel Wertvolles man außerhalb der Schule lernt . . ."

Lehár Vater und Sohn wirkten in Wien einträchtig, nicht einander beknurrend wie Johann Strauß Vater und Sohn, in der gleichen Kapelle; manchmal vertritt der Junge den Alten, manchmal dirigiert er kleinere Abteilungen allein, und wenn sie im Kursalon musizierten, saß neben Franz am gleichen Pult ein junger Geiger, der Leo Fall hieß. Über beiden schwang ahnungslos Vater Lehár den Taktstock.

Der Sohn war mit der neuen Stellung zufrieden, nur eins ließ sie vermissen: die Selbständigkeit. Als er daher von einer freigewordenen Militärkapellmeister-Stelle beim 25. Infanterie-Regiment in Losoncz, Ungarn, hörte, bewarb er sich sogleich darum und obsiegte im Probedirigieren. Ungern ließ Vater Lehár den Sohn ziehen: „Ich vermisse dich zwar schwer, aber du hast Qualitäten!" Franz läßt sich eine schmucke Uniform bauen und fährt nach Losoncz — als jüngster Kapellmeister der Armee.

Es war 1890. Er hatte bereits einige Werke hinter sich, eine Grillparzerhymne, komponiert zur Enthüllung des Grillparzerdenkmals im Wiener Volksgarten, eine Anzahl von Tänzen und Märschen; aber nach zehn Monaten Wien war er froh, Ort und Szene zu wechseln.

*

Losoncz ist ein echt ungarisches Landstädtchen: niedrige ebenerdige Häuser, die eine staubige oder kotige Hauptstraße einsäumen, bildeten den Broadway seiner 9000 magyarischen oder slowakischen Einwohner, und die abendliche Sensation der Korsobesucher waren die Schweine, die herdenweise nach Hause strebten. Einige Eisenbahnlinien, die dort kreuzen, bemühen sich vergebens um eine Weltverbindung, und die Langeweile des Orts wurde nur gemildert durch die Garnison. Ihr gehörte der fesche Militärkapellmeister Lehár an, der 60 Gulden Monatsgage und 17 Gulden Quartiergeld bezog, und dem auf dieser Grundlage die Brust von Hoffnungen schwoll.

Die ungarischen, galizischen und bosnischen Nester der alten Monarchie waren als Garnisonen gefürchtet. Die dorthin versetzten Offiziere träumten vom Urlaub nach Wien, die Mannschaften machten täglich Striche in den Kalender. Jeden Morgen wurde auf Befehl des Obersten dieselbe Brücke angegriffen und verteidigt. Und durch den allabendlichen Anblick der Frau Hauptmann entstand ein gesellschaftlicher Koller, der die Betroffenen dem Delirium auslieferte, falls sie sich nicht dem Alkoholismus ergaben.

Losoncz machte eine Ausnahme, denn es waren Beamte und vermögende Kaufmannsfamilien im Ort, dazu kamen adelige Gutsbesitzer aus der Umgebung und mit ihnen bildete das Offizierskorps die Intelligenz. Der Drang nach Musik war groß und lebte sich im Kasino aus. Lehár hatte genug zu tun. Er hielt vormittag Proben, gab nachmittags seinen Infanteristen Theorieunterricht, gründete ein Quartett, trieb Kammermusik, führte Messen und Oratorien in der Kirche auf, kurz, wurde der musicus maximus von Losoncz.

Gleich bei seinem Antrittsbesuch bat ihn ein hoher Offizier, seine Tochter im Gesang zu unterrichten. In der Mentalität eines k. u. k. Obersten war Taktschlagen, Klavierspielen, Flügelhornblasen, Liedersingen eine einzige mystische Wissenschaft und der Militärkapellmeister der hierfür vorgeschriebene Sachverständige. Lehár, in der Gesangspädagogik gänzlich ahnungslos, erschrak; aber der Anblick der Tochter, siebzehn Jahre und bildhübsch, untergrub seine Bedenken gegen den ungemein ehrenden Antrag. Er telegraphierte in alle Windrichtungen nach Gesangschulen und unterrichtete drauf los. Nach drei Monaten konnte er mit Genugtuung einen Erfolg feststellen, denn die junge Dame hatte ihre Stimme dauernd und vollständig verloren. Was er dann den verblüfften Eltern aufband und wie er sich trotz dieser Glanzleistung in des Mädchens Zauberkreis zu behaupten verstand, ist eine Operette für sich . . .

Ein Militärkapellmeister mußte seine Stellung überall erst „machen". Er konnte alles und nichts sein. Als eine vom Offizierskorps aufgenommene Zivilperson war er nicht Fisch, nicht Fleisch, besaß den Rock, nicht Rang des Offiziers, trug den Säbel, spielte in Kasernenhöfen und auf Bällen, musizierte für den Krieg und für die Mädel im Rosakleid.

Eine Reihe schwärmerischer Lieder („Möcht's jubelnd in die Welt verkünden" oder „Aus längst vergangener Zeit") verrät, daß Lehár immer Frauenliebling war. Die Zahl der gestickten Polster, Lesezeichen und Tischdecken, die er besitzt, sind die Trophäen seiner erotischen Laufbahn. Er hat das Weib erlebt von seiner rustikalen Erscheinung bis zur Dame der Welt und Halbwelt. In seinem Herzen waren sie alle einmal Königinnen: die Hanna Glawari, Claire und Susi, Margitka, Frasquita, Dolly und Lea, Eva und Angèle, Sorika, Mary-Ann und Blanca, Mamz'ell Cloclo und Sonja, alle Typen der erotischen Möglichkeit.

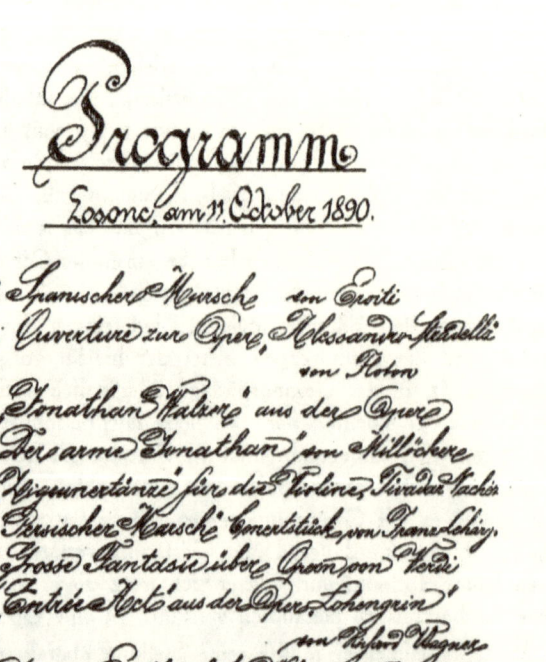

LEHÁRS ERSTES KONZERT

Es ging ihm wie anderen armen Teufeln in der Uniform. Er sparte und sparte, man macht sich keine Vorstellung, w i e er sparte, — aber 107 Gulden Auslagen ließen sich von 97 Gulden Monatsgage nicht decken. Er verfiel auf Nebenerwerb. Er bearbeitete ungarische Volksweisen für Militärorchester und bot sie den umliegenden Garnison-Kapellmeistern zum Kauf an, das Stück um zwei Kronen. Mit Hochgefühl betrachtete er die Postanweisungen, die bei ihm einliefen.

Da wettete er eines Tages mit einer Tischgesellschaft von Offizieren um fünfzig Liter Wein, daß er in diesem Winter nicht mehr schlittschuhlaufen, nicht mehr tanzen, kurz, daß er Schluß machen werde. Und er machte Schluß. Er saß zu Hause, arbeitete und gewann die Wette, ja noch mehr: sich selbst.

Er arbeitete sich gesund. Er schreibt an einer Oper „Der Kürassier" (Text von Gustav Ruthner, nachmals Stationschef am Wiener Ostbahnhof). Die Oper kommt über die ersten Szenen nicht hinaus. Er versucht eine zweite. Damals, 1893, wurde vom Herzog von Koburg-Gotha ein Preis für eine einaktige Oper ausgeschrieben, man dachte damit einen deutschen Mascagni zu züchten; und wie hundert andere bewarb sich auch Lehár, vielleicht war e r der Mascagni. Ein Kamerad, Oberleutnant Mlcoch, ein wirr-genialischer Kopf, schrieb ein Buch „Rodrigo", eine „wahre" Räubergeschichte, eine Art „Trovatore", nur noch papierener in ihrer Romantik.

Räuber Fernando, der Held, raubt einem Ritter Rodrigo die eben angetraute junge Angela. Angela willigt ein, Fernandos Geliebte zu werden, verlangt aber vorher noch einmal ihren Mann Rodrigo zu sehen. Der harmlose Räuber erlaubt es, worauf die weitaus raffiniertere Angela sich von Rodrigo erstechen läßt. „Tausend Dank" hauchen ihre hochgemuten Lippen . . .

Lehár komponierte das Buch in einem Zug und führte das Opus sogleich auf. Sowie eine Szene fertig war, ließ er die Stimmen ausschreiben und probierte die Sache mit dem Orchester. Worauf er feilte und korrigierte, bis alles saß. Und diese Technik des Modellierens am lebendigen Orchesterkörper behielt er bei: sie bildet die Grundlage seiner Instrumentierungskunst. Bei jeder Probe eines seiner Musikstücke sah er an den Gesichtern der alten Musik-Feldwebel, ob die Instrumentierung klangvoll war oder nicht. Bei richtiger orchestraler Wirkung beglückwünschten sie ihn, wenn nicht, ließen sie ihn allein.

Natürlich erhielt „Rodrigo" keinen Preis — ihn erhielt vielmehr Forsters „Rose von Pontevedra" — aber nutzlos war die Arbeit nicht gewesen. Er erlangte Handgelenk, schrieb klingende Stimmen, nicht Schreibtischmusik; und komponierten andre am Klavier, so komponierte Lehár „am Orchester" . . . Das ist der innere Gewinn der Losonczer Tage, die einen unerwarteten, dramatischen Abschluß fanden.

Diesen Abschluß besorgte Lehárs Geige. Man brannte immer nach einem Geigensolo des Kapellmeisters, der sich von der Kapelle in freien, rhapsodischen Stücken nach Zigeunerart begleiten ließ. Auf Geigen sind die Ungarn besonders eingestellt, und wenn nun das Instrument in seinem Arm wild oder zärtlich phantasierte, waren sie beseligt. Die vielen schönen Geigensoli in Lehárs späteren Werken stammen gewiß aus dieser Praxis.

Eines Abends hatte sich Lehár nach einem langen anstrengenden Konzert zurückgezogen und seinem Feldwebel die Schlußstücke überlassen, als ein Stabsoffizier einen Kellner zu Lehár mit dem Auftrag schickte, er solle zurückkommen und weiterspielen. Wenn der Herr etwas wünsche, möge er sich selbst bemühen, war Lehárs Antwort. „Ich bin kein Zigeunerprimas . . ." Diese ganz korrekte Abfuhr brachte den Garnisonsgewaltigen in Harnisch. Er sah sich um seine „mulatság" gebracht Der Kapellmeister hatte gewagt, ihm durch einen Kellner zu antworten! Es kam zu einem Konflikt, das Offizierskorps stand auf Seiten Lehárs, aber der Stabsoffizier war nach den Seltsamkeiten der damaligen Ehrenformen im Recht. Der Kapellmeister sollte ihm als dem Rangälteren und Höheren Abbitte leisten. Lehár wies diese Zumutung zurück und beantwortete sie mit der Kündigung seiner Stelle. Lieber gehen. Es lag ihm nichts mehr an Losoncz. In vier Jahren war er darüber hinausgewachsen, sah den Zwischenfall als Schicksalswink an. Er besaß schon Engagementsanträge nach Deutschland und anderswohin. Besorgnisse der Eltern konnten ihn nicht halten, er brauchte Welt und Weite.

Gerade in jenem Augenblick wurde die Stelle eines Marine-Kapellmeisters in Pola, die einzige im alten Österreich, frei, und Lehár, der schon seit einer Urlaubsreise nach Sarajevo sehr meersehnsüchtig war, bewarb sich darum. Das Marine-Musikkorps bestand aus 110 Musikern, womit sich schon etwas beginnen ließ, die Stelle war weit besser dotiert als beim Landheer und endlich lag Pola an der Adria, an der blaubrennenden, zum Verrücktwerden schönen Adria.

Unter 120 Bewerbern bewarb er sich und — erhielt die Stelle. Am 27. Februar 1894 gibt er sein Abschiedskonzert in Losoncz, es gestaltet sich zu einem Triumph, die Musiker spenden einen Erinnerungsring, die Damen einen Taktstock, der Oberst hält eine im Hinblick auf die peinliche Affäre akzentuiert herzliche Ansprache, das ganze Offizierskorps, der Oberst an der Spitze, begleitete den scheidenden Kapellmeister zum Bahnhof.

„Ich spielte von halb 7 bis ein Viertel 11 Uhr fast ununterbrochen. Dreimal hab' ich um Noten geschickt. Sachen, die wir gar nicht durchmachten, wurden gespielt. Alles hat aber achtgegeben und es ging vortrefflich. Noch am Abend übergab mir Konter-Admiral Hinke eine Karte:

> Herrn Kapellmeister Lehár
> 6/4 94
> PHILIPP GRAF ZU EULENBURG
> k. Preußischer Gesandter
> vom Mai ab in Wien
> VOLLER ANERKENNUNG
> für die vortrefflichen Leistungen

Heute früh wurde ich telephonisch zum Hafen-Admiral befohlen, welcher mir sagte: ,Im Auftrag Seiner Majestät des Deutschen Kaisers teile ich Ihnen mit, daß er Ihnen für Ihre vorzüglichen Leistungen seine Allerhöchste Zufriedenheit ausspricht, und daß Sie eine Allerhöchste Auszeichnung zu gewärtigen haben.'"

So begann Lehárs Debut in Pola. Wilhelm II., damals auf dem Gipfel kaiserlicher Macht, besuchte April 1904, einen Monat nachdem Lehár seine Stelle angetreten hatte, die Seefestung Pola, den Hauptkriegshafen der alten Monarchie, und die Marinekapelle wurde zum Konzert befohlen. Der mitgeteilte Brief an Lehárs Eltern hat wohl manchen unterdrückten Seufzer über das vorzeitig aufgegebene Losoncz gestillt. Mit einem Schlag war eine Stellung erkämpft, im Glanz kaiserlicher Anerkennung war er ein gemachter Mann.

Er führte in Pola Unterhaltungsmusik, gemischt mit ernsten Werken, auf, Wilhelms „Sang an Ägir", die ständige Repertoirenummer aller Militärkapellen, Humperdincks „Hänsel-und-Gretel"-Vorspiel, drei Vorspiele zu

Smareglias „Cornelius Schut" und — Sätze „aus Beethovens Fünfter Sinfonie. Aber er ging nicht im „Militärkapellmeistern" auf. Er besaß nicht das Zeug zur Lokalgröße. Sein Instinkt bewahrte ihn vor der Gefahr der gesicherten Lebensstellung, dem Ideal seines Vaters.

Um sich selbst zu behaupten, komponierte er eine sinfonische Dichtung „Il Guado", dann einen Zyklus „Weidmannsliebe" und gewann für seine Sachen den Verleger Hofbauer. Er reiste nach Wien, es war 1895, ein bemerkenswertes Jahr, denn zehn Jahre vor der „Lustigen Witwe" bekam ihr Komponist für eine Sonatine 30 Gulden, sein erstes Honorar.

Aber in ihm brannte die Oper. Er wußte, was in ihm steckte. Überdies lebte damals in Pola Smareglia, der Komponist der „Istrianischen Hochzeit"; und gewiß hat sein Beispiel ihn zum Gedanken verführt: was er kann, kann ich auch; vielleicht besser. Sein Ehrgeiz kommt nicht mehr zur Ruhe.

Er machte eine Seereise um halb Europa herum: zur Eröffnung des Nordostseekanals wurde ein österreichisches Geschwader nach Kiel geschickt, Lehár war mit 28 ausgesuchten Musikern an Bord. Er sieht die holländische Küstenlandschaft, Stiergefechte in Spanien, Schleiertänze zu Tanger. Man muß einmal eine Mary-Ann abgeküßt, eine Frasquita nackt am Boden liegen gesehen haben, man muß selbst Abenteurer und Grandseigneur sein, ein Hadschi-Stavros-Talent besitzen und ein Auge für die große Natur, wenn man der nationale Kolorist der Bühne werden will.

Er kehrte zurück und macht sich an die Oper. In Pola dient damals ein Mann: der Korvettenkapitän Felix Falzari, aus Venedig gebürtig (1859), ein Poet im Flottenrock. Der Kapitän hat sich bisher nur lyrisch ausgelebt — von ihm stammt ein Liederzyklus „Weidmannsliebe" — er läßt sich bereden und zimmert ein Textbuch für den kompositionslüsternen Kapellmeister: „Kukuschka".

Die Vorgänge spielen in Rußland. Ein Wachsoldat, Alexis, erlaubt einem Wolgafischer das Fischen an verbotener Stelle und unterstützt ihn mit der Waffe gegen den Starosten, weil er Tatjana, die Tochter des Fischers, liebt. Seine Auflehnung büßt er mit Verbannung nach Sibirien, Tatjana folgt ihm, gemeinsamer Tod im Duett.

An dem kraftvollen Buch Falzaris reizt den jungen Musiker das Russische. Die Farbe, das Volk. Sein Instinkt wird vom Rassischen verlockt, die innere Affinität meldet sich, sein Temperament verbeißt sich in Nationales, seine Kraft saugt sich an. In „Kukuschka" ist freilich noch jede Melodie ehrgeizig und prahlt mit ihrem Dasein, keine will zurückstehen, weshalb sich schon beim

Vorspiel ein Mosaikstil ergibt. Die Finales haben Opernzug; den Ausschlag geben die Chöre. In den großen Chören klingt die breite russische Natur. Und der junge Lehár kannte damals von Rußland nichts als Nadina Slawiansky, die mit ihrer Truppe ganz Europa durchzog. Aber Rußland lag in ihm, im slawischen Urton seiner Seele.

Die Kameraden in Pola waren neugierig geworden: was brüteten die beiden, Kapellmeister und Kapitän? Um sie zu befriedigen, und wohl auch sich selbst, führte Lehár seine „Kukuschka" in Pola auf. Es war eine Theateraufführung ohne Theater. Denn die Autoren hatten nur einen Saal im Kasino und das Orchester. Das genügte. Eines Abends setzt sich Falzari ans Pult und liest szenenweise den Text vor, dann hebt Lehár den Taktstock und auf die gelesene folgt die musikalische Szene. Das Publikum durfte nur mittlerweile den Text nicht vergessen. Es war eine etwas primitive, sogar gesanglose, aber dennoch wirksame Aufführung. Woher denn Sänger?

Wie „Rodrigo" wurde die Oper „am Orchester" komponiert. Mitte Mai 1895 war der Klavierauszug, ein Jahr später die Partitur fertig und am 28. November 1896 fand die Uraufführung im Stadttheater zu Leipzig statt.

*

Um diese Zeit war Lehár nicht mehr Kapellmeister in Pola. „Ich tauge nicht zum Militärkapellmeister, ich habe zu viel Ehrgefühl dazu", schreibt er an seinen Vater und kündigt seine Stelle.

Dienstliche Widrigkeiten, dauernde Verstimmungen, Sklavengefühl und Beengtheit mögen den Entschluß verstärkt haben. Lehár war immer ein Anbeter der Freiheit. Das Schicksal hat ihm später dieses köstlichste aller Lebensgeschenke verliehen. Aber die Freiheit mußte errungen werden. Schon damals, vom sichern, pensionsfähigen Pola aus.

Lehár besaß einen schwerkonservativen Vater und eine Mutter, die in Wirtschaftssorgen aufging. Und nun kündigte der Sohn! Dazu kamen die finanziellen Kalamitäten, das Nieauskommenkönnen und das Immerzuwenighaben, das Graf-von-Luxemburg-Naturell.

Vergebens bearbeitet er die Eltern in Briefen. „Wollt Ihr es Euerm Kinde nicht verzeihen, wenn er seine Knechtschaft endlich einmal abschüttelt? Ich kann nicht mehr dienen, ich will frei sein . . . Ich fühle mich seit der Stunde, wo ich diesen Entschluß ausführte, wie neugeboren. Endlich erlöst . . .! Ich bin glücklich. Es kommt schon die Zeit, wo Ihr mich endlich verstehen werdet!"

Aus einem Brief des Vaters vom 22. XI. 1896

Aus einem Brief des Vaters vom 22. XI. 1896

In den Zeiten des Militarismus war diese Sprache sehr verwegen, zumal Eltern gegenüber, die die „Knechtschaft" als Ehre betrachteten. So blieb alles vergebens. Für die Eltern bedeutete die Kündigung einen Schlag, aber der Sohn vertraute seinem Stern.

Die Oper, dachte er, soll es entscheiden. Gefällt „Kukuschka", dann ist es ein Schicksal, ich verdiene Millionen und bleibe Komponist . . . gefällt sie nicht — dann, ja dann ist es ein Urteil, der Traum zu Ende: zurück in die Welt der Kasinos und der Kapellmeisterei!

Eines Tages reist er von Pola ab. Als Kaiser Wilhelm wiederkehrte, erkundigte er sich umsonst nach dem strammen Marinekapellmeister.

Evadit, erupit, effugit, excessit . . .

Der Verleger Hofbauer hatte den Klavierauszug stechen lassen und die Textbücher an die Bühnen versendet. Jetzt fuhr er mit Lehár nach Leipzig. Direktor Staegemann prüfte „Kukuschka" und nahm sie an. Die erste Lehár-Première fand statt. Das norddeutsche Publikum wußte nichts vom Komponisten, von dem überhaupt noch kein Theaterpublikum wußte, es war also ganz naiv, frostig und mißtrauisch. Erst der Chor „Heissa, wie die Wolga schimmert" brachte Bewegung hervor, ja der malerisch gruppierte A-capella-Chor „Scheidend von den goldbeglänzten Höhen" riß die Leute hin und sie gingen mit. Beim Schlußduett Alexis-Tatjana, „Gedenke mein, siehst du die Schwalben ziehn", einer Manon-Lescaut-Stimmung, waren die Leipziger sogar begeistert und der Komponist wurde gerufen.

An diesem Abend war er gewiß der glücklichste Mensch in allen fünf Erdteilen, 26 Jahre alt und gänzlich abgebrannt. Am Tag vorher hatte er, um die nächsten 24 Stunden leben zu können, seine Schmuckstücke versetzt . . .

*

Die Oper zu komponieren war ein Kinderspiel gegen die Arbeit, sie an Theatern unterzubringen. Hindernis türmte sich auf Hindernis, und das Haupthindernis türmte sich in Gestalt des Verlegers, der den Theatern für die Überlassung der Oper wahnsinnige Summen abverlangte, weil er dem Konkurs zutrieb und sich auf Lehárs Kosten zu retten suchte.

Natürlich wehrten sich die Theater, die sich gegen ein neues Werk überhaupt wehren. Es kam zu einigen Aufführungen in Königsberg, nach drei Jahren zu einer in Pest unter Direktor Káldy; und endlich blieb dem verzweifelten Komponisten nichts übrig, als dem Verleger sein eigenes Werk,

Material und alle Rechte abzukaufen, was seine letzten 1200 Gulden verschlang.

Schließlich wurde ihm die ganze Sache verleidet, er wollte mit der Oper überhaupt nichts mehr zu tun haben. Vielleicht hatte sein Talent an die falsche Türe geklopft.

Auch eine Aufführung an der Wiener Hofoper wollte sich nicht durchführen lassen. Lehár reichte „Kukuschka" ein, und das Buch machte auf Gustav Mahler großen, fast begeisternden Eindruck. Leider gewann Mahler kein Verhältnis zur Musik, wahrscheinlich deshalb, weil ihre melodische Fülle sich nicht zu einer großen Architektur formte. Oper wie Sinfonie sind ja in erster Linie Bauprobleme, und einem jungen Talent, das sich melodisch verschwendete, wurde seine Verschwendung zum Verhängnis. Auch der Musiker Lehár lernte nicht sparen. „Kukuschka" kam später als „Tatjana" in die von Rainer Simons neugegründete Wiener Volksoper, auch ohne den starken Erfolg, der einen lebhaften Ehrgeiz sättigte.

Lehár gewann einen neuen Verleger, Berté, der den Text durch Max Kalbeck überarbeiten ließ; aber auch Kalbecks Verbindungen, auf die Berté hoffte, vermochten so wenig wie seine Verse das Schicksal Kukuschka-Tatjanas zu ändern. Die Oper errang in Brünn mit Desider Arányi als Gast 1905 Nachtragserfolge, gerade in dem Jahr, wo der Erfolg der „Lustigen Witwe" einsetzte.

Viele Freuden hatte der Meister mit seinem Jugendwerk nicht erlebt, und wie es schon geht, sind Künstler und Väter in ihre Schmerzenskinder verliebter als in die andern, die von selber laufen, die glückhaften.

*

Pola war aufgegeben, von der Oper konnte Lehár nicht leben — also erwachte wieder die Militärkapellmeisterseele. Zurück ins Joch! Der Komponist der „Kukuschka" sieht, daß Opernkomponieren auf die Menschheit wenig Eindruck macht; er sucht eine Stelle und findet sie endlich beim 87. Infanterie-Regiment in Triest. Er musizierte wieder für Krieg und Ball, war beliebt, spazierte am Rand der Adria — allein das Schicksal verhängte über ihn einen sogenannten Dislokationswechsel, das heißt, das Regiment wurde versetzt, und just nach Pola. Er kam als kleiner Infanterie-Kapellmeister dorthin zurück, wo er als Marine-Dirigent der große Herr gewesen war. Er mußte es hinabschlucken und mittlerweile Ausschau halten.

FRANZ LEHÁR ALS MILITÄRKAPELLMEISTER
IM INFANTERIEREGIMENT Nr. 26
1900

Da wurde in Pest eine Stelle frei, und zwar die seines Vaters, Franz Lehár sen., der am 1. April 1898 in den Ruhestand treten sollte. Der Sohn reicht ein, sein Gesuch wird bewilligt, und die Stelle wird sogar vorzeitig frei, denn es trifft die Nachricht ein, daß der Vater im Sterben liegt. Sofort reist Lehár nach Hause. Er wacht mit seinem Bruder Anton am Bett des Verlöschenden, erfährt, daß der Vater die Partitur der „Kukuschka" Seite für Seite studiert hat. Einmal noch setzt er sich ans Klavier und spielt aus der Oper vor; der Vater hebt den Kopf, horcht verklärt, sinkt tot zurück.

Er räumte seinen Platz auf der Welt, rascher als er gedacht, unbedankt von der Macht, der er ein Menschenalter gedient. Das goldene Verdienstkreuz, das ihm bereits verliehen war, erreichte den Lebenden nicht mehr. Keinerlei österreichische Auszeichnung außer der Kriegsmedaille, die jeder bekam, deckte seinen Sarg: ein österreichisches Schicksal.

Der Trost des Sohnes lag im Glauben des scheidenden Vaters. Am 1. April 1898 übernimmt er dessen Stellung; sein Erbteil betrug 1200 Gulden; sie waren es, die er dem Rückkauf des Werkes opferte.

Nun war er Dirigent am bosnisch-herzegowinischen Infanterie-Regiment Nr. 3. Am 2. Mai wird „Kukuschka" in Budapest aufgeführt, ein Ereignis, das wieder die Komponistenseele in ihm ermutigte. Es geht vielleicht doch..?

In folgerichtigem Schwanken kündigt Lehár seine Stelle in Pest, versucht sich als freischaffender Künstler, scheitert damit und schwankt wieder zurück. Es ist seine erste Krisenzeit. Mit einigem Recht kann der fast Dreißigjährige anstimmen, was er als Kind gesungen hatte: „Ich fühl's, daß ich tief innen kranke". Ein neues Ziel taucht auf: die Operette. Er sucht ein Operettenbuch.

Er sucht es auf allen Wegen. Sucht es auch im Pester Künstlerverein Otthon, so intensiv, daß er dort fast zur komischen Figur wird, und er sucht es in Wien. Eben wird in Wien die Kapellmeisterstelle im 26. Infanterie-Regiment frei. Wien —! Wohin es seinen Vater und tausend andere Musiker zog, dort wird vielleicht das Buch, dort wird gewiß sein Anfang sein.

Er übernimmt in Wien die Kapellmeisterstelle bei den 26ern am 1. November 1899. Sein Glücksstern hat ihn geführt.

„Mein Sinnen und Trachten ist, mir einen Namen zu machen", lautete Lehárs Wiener Programm. Womit er sich sehr zutreffend auf die Großstadt einstellte. Wer gehört werden will, muß in der Glockenstube sitzen.

Allerdings war Wien fürs erste eine mühevolle Angelegenheit, es gab zahllose Dienste, Ausrückungen, Burgwachen, Hoffestlichkeiten, Bälle, Konzerte, Eisfeste, Kondukte ... man kann sich die Flüche des komponierlüsternen Lehár vorstellen, wenn wieder ein alter Major seinen Abgang von dieser Erde unter Begleitung von Chopins Trauermarsch feierte.

Auch mußte ein Wiener Militärkapellmeister mit seiner Musik auf dem laufenden bleiben. Die Programme verlangten teils erhabene, teils Biermusik, dazwischen gefühlvolle Flügelhorn- und Harfensoli und die Melodien des Tages. Das Wiener Publikum war nicht so begnügsam wie das Losonczer, sondern immer nach Neuem begierig, und das Neue wie das Alte mußte Qualität haben. Das erforderte Proben und wieder Proben, Überbürdungen des schon Überbürdeten, zumal wenn es Tag für Tag betrieben werden muß: eine Danaiden-Arbeit.

Trotz der zahlreichen Kondukte und Bälle beschwor er die Muse und komponierte u. a. Vorspiel und Zwischenspiele zu einem patriotischen Stück „Fräulein Leutnant" und einen Marsch „Jetzt geht's los!", der ihm tatsächlich in Wien den ersten Namen verschaffte.

Inzwischen arbeitete er auch schon an einer Operette. Er kaufte seinem Kollegen Gustav Schmidt „Arabella, die Kubanerin" um bare fünfzig Gulden ab, mit allen Rechten für die ganze Welt, inbegriffen die Tantiemen des Textdichters. Aber „Arabella, die Kubanerin" blieb ihm; niemand machte sie ihm streitig. Er komponierte sie sogar, veröffentlichte sie aber nie. Er begann einzusehen, daß er ohne einen Librettisten von Namen und Rang nie an eine Aufführung denken könne. Er wandte sich deshalb kurzerhand an Victor Léon, sandte ihm als Talentprobe seine Oper „Kukuschka" ein und bat ihn um Überlassung eines Operettenbuchs. „Ihr Werk gefällt mir sehr", antwortete Victor Léon, „aber ich habe keine Zeit, ich bin für Jahre hinaus besetzt!" Also ein strikte Absage.

1901 war der Wiener Konzertverein gegründet worden, die Großstadt Wien, die bis dahin bloß das Philharmonische Orchester besaß, bekam ein zweites. Und dieses Konzertvereinsorchester spielte seine Sinfonien unter der Leitung Ferdinand Löwes, mußte aber auch populäre Konzerte mit „gemischten" Programmen abhalten, deren Leitung der ausgezeichnete Kapellmeister des Theaters an der Wien Adolf Müller (Komponist des „Hofnarren") innehatte. Nun starb Adolf Müller, seine Stelle wurde frei und Lehár bewarb sich um den Posten.

Das Prüfungskonzert ging im Volksgarten vor sich, die Kommission hörte zu und — lehnte Lehár ab, hauptsächlich auf das Gutachten Professor

Richard Heubergers hin, der erklärte: „Dieser Kapellmeister mag ein ganz guter klassischer Dirigent sein — von Walzern versteht er nichts!" Richard Heuberger, damals ein Rollenspieler und Tonangeber, hatte sich hier im Verkennen Franz Lehárs ebenso bewährt, wie später in dem Anton Bruckners.

Aber Lehárs Dirigentendurchfall war ein glücklicher Zufall, denn hätte er die Stelle des populären Kapellmeisters im Konzertverein erhalten, so wäre es nie zur „Lustigen Witwe" gekommen.

Wieder einmal drohte ein „Dislokationswechsel", sein Regiment sollte nach Raab versetzt werden; aber nun tat er nicht mehr mit. Er hatte schon früher bedungen, daß er nicht mitwandere — er tritt endgültig aus dem Militärdienst und bleibt in Wien.

Die Würfel fielen.

Engagementsanträge waren dem Marsch-Komponisten schon früher zugekommen, einen davon nimmt er an: den für das Theater an der Wien, denn als Theaterkapellmeister hat er Aussicht, den Komponisten Lehár aufzuführen. So schlängelt sich die Lebenslinie zur Stätte zurück, wo sein Vater begann. Es ist 1902.

DIE OPERETTE

„Jetzt geht's los . . ." Das Glück kommt über Nacht und plötzlich ist der junge librettosuchende Komponist im Besitz zweier Operettenbücher. Noch als Militärkapellmeister pflegte er im Winter auf dem Eislaufplatz neben dem Konzerthaus zu dirigieren. Im Musikpavillon stand ein kleiner spukender Ofen, und Lehár am Pult wurde von hinten geröstet, während er vorne erfror. Aber er fand dort auch einen Glücksengel, und das war ein junges Mädchen, kaum dreizehnjährig, die überglücklich und immer verspätet vom Eislaufplatz nach Hause kam, und alles auf den „feschen Militärkapellmeister" und seine Märsche schob. Er, sagte sie, halte sie damit fest, und in allen Operetten Papas komme nicht ein so scharmanter Marsch vor wie „Jetzt geht's los!". Ihr Papa war der Textdichter Victor Léon, damals Oberregisseur am Carl-Theater. Es wunderte ihn, daß Lizzy, die bisher ganz auf „Tristan und Isolde" eingestellt war, von Wiener Märschen schwärmte. Als sie dann einmal eine russische Oper spielte, und der Papa sich nach dem Komponisten erkundigte, erfuhr er, daß es derselbe sei, der die Märsche gemacht habe. „Mit dem solltest du eine Operette schreiben", rät Lizzy. Die Oper hieß „Kukuschka", noch immer lag sie bei ihm umher. Da endlich hörte Léon einmal im Prater jenes berühmte „Jetzt geht's los!". Das entschied. Der Marsch gefiel ihm besser als die ganze Oper, und er schrieb an Lehár: „Wenn Sie noch immer die Absicht haben, eine Operette zu schreiben, so besuchen Sie mich."

Der Textdichter hatte Zutrauen gewonnen und daher Zeit. Der Besuch erfolgte, und Lehár erhielt von Léon das Vorspiel zu einer Operette „Der Rastelbinder", das er probeweise komponieren sollte. „Gelingt Ihnen das, so bekommen Sie die Fortsetzung." Zwei Tage später überbrachte Lehár bereits das komponierte Vorspiel, und als er vom Klavier aufstand, war Léon ehrlich begeistert.

Aber der Erfolg mußte zunächst geheim bleiben. Denn der „Rastelbinder" war fürs Carl-Theater gedacht und die Rolle des Wolf Bär Pfefferkorn für Louis Treumann geschrieben. Das ergab einen dramatischen Konflikt, denn das Carl-Theater war die Konkurrenzbühne des Theaters a. d. Wien, wo Lehár eben Kapellmeister werden sollte. Er fühlte sich verpflichtet, die Direktoren Karczag und Wallner davon zu verständigen. Er bat sie in loyaler Weise, stieß aber auf erbitterten Widerstand. „Ausgeschlossen!" Direktor Wallner unternahm es sogar, das Buch Léon persönlich zurückzugeben. Er ging mit Lehár in Léons Stammcafé — bevor er aber noch den Mund öffnen konnte, nahm ihm Léon wortlos das Buch aus der Hand. „Adieu!"

Lehár war verblüfft, wie rasch und glatt das gegangen war. Wallner zog triumphierend ab. Acht Tage lang kämpfte Lehár mit seinem Gewissen. Dann entschloß er sich, Léon aufzusuchen. „Ich wußte ja, daß Sie zurückkommen werden — hier ist das Buch!" Lehár drückte es ans Herz und eilte zu seinen Direktoren. Der eine wurde wütend: „Sie können nicht bei uns Kapellmeister sein, wenn Sie es komponieren!" Der schlauere Karczag schloß sich Wallner an, fügte aber hinzu: „Komponieren werden Sie aber die »Wiener Frauen« a u c h für uns!" Er wollte sich das vermutliche Talent für alle Fälle sichern. Strahlend verließ Lehár das Theaterbüro. Er hatte dem Komponisten Lehár den Kapellmeister geopfert. Auf einmal hatte er den „Rastelbinder" und die „Wiener Frauen", sollte als Anfänger für zwei große Wiener Theater zugleich arbeiten — Grund genug, um Kopf zu stehen.

Dies die verwickelte Geschichte seiner beiden Textbücher. Das zweite davon, die „Wiener Frauen" war ihm als Schlaraffe zugekommen. In der „Schlaraffia" pflegte Lehár gern vorzuspielen. Ein Mitglied namens Schmiedell hatte einen Bruder, den Schauspieler Norini, und dieser Emil Norini schrieb mit dem Journalisten Ottokar Tann-Bergler ein Textbuch für Lehár: „Wiener Frauen". Natürlich war eine mächtige Rolle für Girardi drinnen, der zwar damals schon ein Fünfziger, aber der unumgängliche Bürge eines Operettenerfolgs war.

Lehár erschrak. Für Girardi? Nun besaß er ein Buch und erlebte damit zunächst Nervenqualen. Er vermied jedes Gespräch über Girardi, wich allen Fragen aus — er sollte eine Operette für Girardi schreiben und hatte ihn noch in keiner einzigen Rolle gesehen! Er fürchtete, daß die Direktoren Karczag und Wallner, wenn sie davon erfuhren, ihm das Buch wieder wegnähmen, denn jemand, der Girardis Eigenart nicht kannte, konnte unmöglich den Ton für ihn treffen.

Es war auf einer Probe der „Wiener Frauen", wo Lehár Alexander Girardi zum ersten Male auf der Bühne sah. Und er hörte mit geheimer Genugtuung, wie gut er unbewußt den nachmals so populären Nechledil-Marsch dem großen Xandl angemessen hatte:

„Nechledil, du schöner Mann
Du hast es allen angetan.
Jede seufzt: O Nechledil,
Du bist meiner Wünsche Ziel!"

Das Buch trägt den Zuschnitt der Zeit. Girardi ist ein Klavierlehrer, der einmal durch einen unwiderstehlichen Walzer „Wiener Frauen" das Herz einer schönen Klara eroberte. Leider wanderte er nach Amerika aus, die schöne Klara nimmt einen andern — am Hochzeitsabend, gerade im letzten jungfräulichen Augenblick kehrt der Zauberer zurück. Er kommt als Klavierstimmer ins Haus und spielt den unwiderstehlichen Walzer ... Klara stürzt aus dem schon sehr hochzeitlichen Gemach, reißt sich aus den Armen des Gemahls: „Er lebt, man hat mich betrogen!" In Wirklichkeit ist der Herr Gemahl um die Hochzeitsnacht betrogen; aber er weiß Girardi zu einer Hochzeit mit dem Stubenmädchen Jeanette zu bewegen und kommt endlich doch zu seiner legitimen Klara.

Die letzten Akte dienen weniger der Handlung als dem Komponisten, der sich melodisch ausgeben kann, und so gab es, dank Girardi und der Lina Abarbanell einen hübschen Erfolg. Schneid des Militärkapellmeisters mischte sich mit dem notwendigen Schmalz, wozu vor allem die Seligsprechung der Wiener Frauen gehörte, ohne welche es nicht abging:

> „Wiener Frauen, blond und braun,
> Edelsteine sonder Zahl,
> Herzerfrischend anzuschaun,
> Seid gegrüßt viel tausendmal!"

Schon nach der Ouvertüre rief eine Stimme aus dem Zuschauerraum: „Bravo! Das ist der kommende Mann!" Dieser Prophet war der hervorragende Wiener Theaterkritiker Julius Bauer, auf dessen Wort man zu hören pflegte.

Die „Wiener Frauen" gingen nach Berlin („Der Klavierstimmer"), nach Leipzig („Der Schlüssel zum Paradies"), wie immer sie hießen, sie bedeuteten einen Erfolg.

Fünfundzwanzig Tage später fand im Carl-Theater die Aufführung des „Rastelbinder" statt. Der Première ging ein erbitterter Kampf im Büro voraus. Victor Léon hatte von Lehár die höchste Meinung gewonnen. Er war immer für neue Männer, immer stolz darauf, Entdecker zu sein. Aber Direktor Müller winkt ab: „Lassen S' mi' aus mit die Militärkapellmeister!"

Léons leicht gereiztes Temperament macht sich Luft: Der Rock des Mannes entscheidet nicht, nur sein Talent. Er fleht, er droht, er habe Lehár sein Wort gegeben, er beschwört den Direktor, ihn nicht zu blamieren und auch sich selbst nicht. Er tippe speziell auf Lehár. Umsonst. „Lassen S' mi aus ..."

Mit Mühe erreicht Léon einen Aufführungstermin. Den schlechtesten, den 12. Dezember, die Adventzeit. Mit Mühe erreicht er vom Verleger Weinberger ein Honorar — bare 1000 Kronen in drei Raten ein für allemal für den Komponisten.

Der 12. Dezember kommt. Der Textdichter, der keine Proben bekommt, verfällt auf ein raffiniertes Mittel: einer der Darsteller nach dem andern muß sich krank melden. Der Direktor durchschaut den abgefeimten Oberregisseur und wendet die Nutzlosigkeit des Manövers ein. „Für den 6. Jänner ist »Madame Sherry« angesetzt, da hilft kein Herrgott. Je länger Sie den »Rastelbinder« hinausschieben, desto weniger Aufführungen wird er erleben, und wenn Sie sich auf den Kopf stellen!"

Inzwischen wird Herr Treumann, der den Pfefferkorn singen soll, bearbeitet, die Rolle abzugeben. „Wenn Sie den Juden singen, sind Sie in Wien erledigt. Sie können sich einen Revolver kaufen oder sich im Steinhof einmieten. Was glauben Sie, bei der heutigen Strömung!" Dann wird der Textdichter beschworen: „Machen Sie aus dem Juden um Gottes willen einen Slowaken! Wir kriegen sonst einen Durchfall, wie er noch nicht da war!"

Léon bleibt unerschütterlich.

So kommt der 20. Dezember. Der schlechteste Theatertag. Wolf Bär Pfefferkorn erscheint auf der Bühne, erregt Jubelstürme und „Madame Sherry" spielte nicht am 6. Jänner, sondern zwei Jahre später. Inzwischen beherrscht den Spielplan des Carl-Theaters ausschließlich der „Rastelbinder" von Franz Lehár.

Die Presse ist nicht gut, man kann sogar sagen, schlecht. Nach der Aufführung geht Lehár mit Léon bei grauendem Morgen in eine Redaktion. Sie lesen auf feuchtem Blatt ihre Niederlage. Das Textbuch wird vernichtet („falsche Sentimentalität"), Wolf Bär Pfefferkorn als widerlicher Abkömmling aus einer O. F. Bergschen Posse abgetötet. Die Musik wird mitvernichtet. Das slawische Element ist wienfremd, unerquicklich, abstoßend; erst in der „Diatonik" der Walzer, in den Polken und Quadrillen des Wiener Zuschnitts habe der Komponist sich gefunden.

Den Autoren wird einigermaßen übel zu Mut. „Verzeihen Sie", sagt Léon, ironisch lächelnd, „daß ich Ihnen ein so schlechtes Buch geliefert habe ..."

Die Presse stellte einen „freundlichen Erfolg" fest. Es wurde ein Welterfolg. Die Figur des slowakischen Jungen, der, Mäusefallen und Blechtöpfe verkaufend, die Straßen durchzog, erwies sich als kräftig genug, das rasch zum Schlagwort gewordene „Rastelbinderblech" in Rastelbindergold zu verwandeln. Den „Rastelbinder" haben 1917 im Lager von Isle of Man und in Sibirien Gefangene nach dem Klavierauszug aufgeführt.

Kein Mensch kann Erfolge oder Mißerfolge vorhersagen. Alles kommt anders. Abweichendes erschreckt immer. Am meisten allerdings die Operettenfachleute, die konservativer sind als alle anderen Musiker, weit ängstlicher und darum einstellungsunfähiger. Der alte Costa, Wiener Possendichter („Bruder Martin", „Ihr Korporal") pflegte zu fragen: „Hat das und das schon irgendwo gefallen? Ja? Dann bring ih's n o c h amal!"

Das Buch des „Rastelbinders" geht von einem Volksbrauch, der Kinderverlobung in slawischen Dörfern, aus, stellt ihm die freie Herzenswahl der Erwachsenen entgegen. Die damals geläufige Wiener Straßenfigur des „krowotischen" Rastelbinders wird poetisiert und dem weichherzigen alten Jüdchen kontrastiert, dem Pfefferkorn, der aber wieder mit Geschäftsklugheit ausgestattet und im dritten Akt als unfreiwilliger Kavallerist ironisiert wird. Es kindelt auf der Bühne, vielleicht allzu ausgiebig, der Librettist wagt im herkömmlich lustigen das weinende Theater, führt das Schnupftuch in die Operette ein, dessen erste schüchterne Anwendung beim „Zigeunerbaron" von Johann Strauß noch getadelt worden war. Der angefeindete Slawenton gab Atmosphäre, ja er machte das Glück des Werkchens.

Schon die Ouvertüre beginnt schablonenwidrig mit einer langsamen Moll-Melancholie (Holzbläser, zweiviertel, in Terzen und Sexten schwelgend); das Allegro ist ein Dur mit Moll-Melancholie — die Dur-Wehmut der Slawen — die Ouvertüre kennt nicht den herkömmlichen Schmiß-Walzer und Strettalärm, verrieselt im ppp mit Imitationen der Bässe, pizzicato. Das durchgehende Lied des Wolf Bär Pfefferkorn („Das is a einfache Rechnung") ist ein slowakisch erweichter Lortzing, es wirbt für die ganze Figur im crescendo um Erbarmen; eine Innigkeit, die vielleicht weltpopulär werden kann. Und der Slawenton überhaupt war ein neuer empfindungsvoller Grundton der Musik! Zum Glück zeigte der G-Dur-Walzer („Ohne Küssen wär' die Lieb"), zeigte das Lied vom „Wiener Kind" den herkömmlichen Wiener Schrammelton: das Publikum konnte sich irgendwo anhalten, neu und alt waren geschickt dosiert; und geschickt schmuggelte die Instrumentation Ungewöhnlichkeiten ein (hohe Streicherakkorde, Harfensoli, Quintolen-, Sextolen-Figuren der Geigen). Dahinter stand kein „Komponierer", sondern ein Mensch mit seiner Klage, mit dem Klang seiner Rasse: das Ganze war sozusagen Abschrift seiner Heimat.

In Léons Arbeitszimmer hängt ein Lichtbild Lehárs mit der Widmung: „Meinem Entdecker!" Lehár war dankbar, seine Gebärde nobel.

Neben „Zigeunerbaron", „Fledermaus", „Vogelhändler", „Obersteiger" beherrschten nun die beiden Lehár-Operetten das Repertoire. Sie waren in einem Abstand von nur 25 Tagen auf den Bühnen erschienen, und zeigten in ihrer Verschiedenheit die Vielfalt des Komponisten. Der „Rastelbinder" hatte ihm ganz andere Farben entrissen als die „Wiener Frauen".

Einmal für die Operette entschieden, muß Lehár auch deren Pflichten erfüllen: ein Operettenkomponist darf nicht pausieren. So folgen 1903 der „Göttergatte" und 1904 die „Juxheirat", beides Episoden in Lehárs Leben. In der „Juxheirat" handelt es sich um die Ehe einer Männerfeindin mit einem Mann, der als Weib ausgegeben wird — sehr jokos: aber Franz Lehár, der typische österreichische Mischling, der Skythe der Musik, brauchte für seine Urmelodie nationale Landschaften mit nationalem Kolorit, für sein modernes Pathos moderne Leidenschaften. Sie bot ihm erst das nächste Buch, das auf noch weiteren Umwegen als der „Rastelbinder" in seine Hand kam.

*

Victor Léon hatte mit Leo Stein für Richard Heuberger ein Libretto „Die lustige Witwe" (nach Meilhacs „Attaché") geschrieben; aber der Komponist des „Opernballs" schien ihm diesmal zu versagen. Die zwei Akte, die Heuberger vorspielt, wollen dem Textdichter nicht gefallen, auch nicht dem insgeheim zuhörenden Treumann. Was tun? Der Vertrag mit dem Theater an der Wien ist schon geschlossen, sogar mit Vorschuß besiegelt — trotzdem entschießt sich Léon zu einem peinlichen, aber notwendigen Schritt, nimmt Heuberger das Buch wieder ab, bietet ihm dafür drei Einakter, löst den Vertrag mit dem Theater und sucht nun für das herrenlose Buch einen Komponisten.

Steininger, damals Sekretär des Theaters an der Wien, läßt sich den Inhalt erzählen, worauf er als den einzigen, der dafür in Betracht käme, Franz Lehár nennt: der Stoff ist ja südslawisch, Montenegro, Lehár-Gegend. Allein mit Lehár lebt Léon augenblicklich auf gespanntem Fuß. Steininger rät trotzdem,

DAS THEATER AN DER WIEN, BÜHNENEINGANG
Nach einem Aquarell von Richard Moser, 1900

denn Lehár bekommt das Buch, liest es noch in der Nacht, erscheint am nächsten Morgen bei Léon, bittet um Überlassung der „Lustigen Witwe". Am Abend klingelt er den Textdichter an: er hat bereits eine Nummer komponiert. Er legt den Hörer des Telephons auf das Klavier und am andern Ende des Drahts hört Victor Léon zum erstenmal den eben entstandenen „Dummen Reitersmann". Der Text war an den richtigen Mann gekommen.

Das Buch wird komponiert, erhält eine teils mondäne, teils rassische Physiognomie; ein schwächerer Durchschnittswalzer wird als Ballmusik hinter die Szene verlegt, ein älteres, aus dem „Göttergatten" gestrichenes Duett als „Vilja-Lied" aufgenommen: das Ganze aber wirkt naiv und raffiniert, ein veredeltes Naturprodukt. Nur zu neu, zu neu für den Operettenmarkt. Weshalb sich der Kampf um den „Rastelbinder" in verstärktem Maß bei der „Lustigen Witwe" wiederholen mußte. Die Fachleute haben keinen Glauben.

Lehár spielt die Musik in seinem Arbeitszimmer vor. Die Direktoren des Theaters an der Wien hatten nach wenigen Takten genug. Begaben sich ins angrenzende Zimmer der kleinen Wohnung und stampfen empört auf und ab.

Léon beschwört sie, zurückzukommen. Sie kommen, laufen wieder weg. Auf die gereizte Frage Léons erklären sie endlich: „Regen Sie sich nicht auf, lieber Léon, das is ka Musik!"

Die Spielzeit sollte mit Aschers „Vergelt's Gott!" oder mit der „Lustigen Witwe" eröffnet werden; aber die ungläubigen Direktoren gönnen ihr weder Proben noch Ausstattung. Der Textdichter kämpft in der Direktionskanzlei wie ein Achilles. Eine Granitmauer von Widerstand erhebt sich. Er nimmt einen Advokaten, Dr. Ellenbogen, zu Hilfe, erscheint mit ihm im Theaterbüro, um die „Lustige Witwe", wenn ihr die Direktoren keine Proben gönnen, zurückzuziehen. „Bitte, ziehen Sie sie zurück!" — Léon ist eben daran, das entscheidende Wort zu sprechen, da wird er von Frau Günther und Herrn Treumann unterbrochen, die ins Zimmer treten und ihn mit beschwörenden Gesten anflehen, die Sache n i c h t zurückzuziehen. Sie seien bereit, am Abend, nach der Vorstellung zu probieren.

Nun folgt ein erbitterter Kampf um die Einschubproben. Man probt nach der Vorstellung, von 11 Uhr nachts bis 3 Uhr morgens. Der Textdichter bezahlt Aufmunterungskrenwürstel für die Chordamen und Fiaker zum Heimfahren. Am nächsten Morgen Orchesterprobe für den Komponisten „zum einmaligen Durchspielen der Nummern"; gleich darauf, 1 Uhr Mittag, die Generalprobe. Für den zweiten Akt ist keine Dekoration da. Ein Pariser Gartenfest mit alten Lumpen ausgestattet! Léon läuft in eine nahegelegene Papierhandlung und ersteht einige bunte Lampions. Für die Darsteller sind keine Kostüme da. Wie soll man Montenegriner überhaupt anziehen? Léon stürzt auf den nahen Getreidemarkt, erklettert die vier Treppen zu Alfred Grünfelds Wohnung und reißt im Vorzimmer ein Bild von der Wand. Der erschreckte Pianist glaubte an einen Wahnsinnsausbruch; jedoch Léon hatte sich bloß erinnert, daß dort ein Bewunderer Grünfelds, ein montenegrinischer Prinz, in Nationaltracht hing ... Der Prinz der schwarzen Berge dient als Modell. Erschöpfte wanken zur Generalprobe und die Direktoren sind seelisch gespalten: sie sehen den Durchfall mit Entsetzen auf sich und ihr Theater hereinbrechen und gönnen ihn den Autoren ...

Diese Stimmung trifft auch Ludwig Karpath an, als er am Tag der Generalprobe in der Theaterkanzlei erscheint. Der einzige, der freundlich „Guten Morgen" sagt, Fassung und Kinderstube behält, ist Franz Lehár. Er steht an einem Pult und schreibt Noten. Direktor Wallner läuft im Nebenzimmer auf und ab; Direktor Karczag sitzt im Hauptzimmer, Miene des gereizten Löwen, und fährt den eingeladenen Kritiker an: „Die Generalprobe findet mit Ausschluß der Öffentlichkeit statt. Was suchst du hier?" Als Karpath sich mit dem Götz-Zitat zum Gehen wendet, läuft er ihm auf die Stiege nach. Gereizte Kritiker können gefährlich werden. Er entschuldigt sich: seine Nerven versagen, Fürchterliches stehe bevor. Die Musik habe ihm schon vor Wochen nicht gefallen, die Proben bestätigen nur seine böse Ahnung. „Wir beschlossen deshalb, für die Ausstattung nichts zu opfern, und diese Operette, Gott behüte, so lange über Wasser zu halten, bis die neue einstudiert ist. Der Komponist ist nicht einmal fertig, er instrumentiert noch immer. Alles geht drunter und drüber. Schreckliches wird geschehen . . .!"

Bei der geschlossenen Generalprobe findet Karpath das neue Werk amüsant und nennt die Zweifler Idioten, die Stimmung hebt sich. Lehár am Dirigentenpult dreht sich, sichtlich entlastet, nach dem Kritiker um, als er eine Nummer nach der andern loben hört. Vielleicht gibt es doch einen kleinen Erfolg.

Am nächsten Abend, 30. Dezember 1905, findet die Première statt (mit Marie Günther, Louis Treumann, Oscar Sachs, Meister, Natzler, Pirk). Die Leute gehen aus dem Theater und summen das Vilja-Lied, den dummen Reitersmann, das Septett vom Studium der Weiber und die Walzer: alle Stücke, die die Direktoren als „keine Musik" bezeichnet hatten. Fast jede Nummer war wiederholt worden. Léon wütet, als die Direktoren es wagen, neben den Darstellern auf der Bühne zu erscheinen.

Die Presse schlägt einen freundlichen Grundton an. Nur Ludwig Karpath im „Neuen Wiener Tagblatt" tritt enthusiastisch für die „Lustige Witwe" ein und versetzt mit der Prophezeiung, sie werde sich im Theater an der Wien häuslich niederlassen, dem skeptischen Karczag einen letzten Stich. Er empfahl das Werk telegraphisch Artur Nikisch, damals Direktor des Leipziger Stadttheaters, der es auch sogleich annahm. Der Direktor des Leipziger Operetten-Theaters aber, Hartmann, bezeichnete es als den Schmerz seines Lebens, daß er die „Lustige Witwe" zurückwies, da ihm sein Mittelsmann, Bendiner, nach der Generalprobe von der Annahme telegraphisch abriet . . .

Daß es ein Welterfolg wurde, ja, daß mit dem Werk der alte, erstarrte Operettentyp gebrochen und die neue Operette geboren war, wußte niemand und konnte es auch nicht wissen. Das kam erst später, als Max Monti die „Lustige Witwe" mit seinem Ensemble von Hamburg nach Berlin brachte, Mai 1906. In Berlin machte sie im ersten Anlauf eine Serie von 600. „Wer

MIZZI GÜNTHER und LOUIS TREUMANN,
die ersten Hauptdarsteller in der „Lustigen Witwe",
mit Lehár in der Mitte, 1905

die Operette tot gesagt hatte, der wird seine irrige Meinung gestern abend berichtigt haben: sie l e b t und wird auch weiterleben . . ." (B. B. C. vom 2. Mai 1906.) Wie bei der „Fledermaus" war die Auslandsbestätigung entscheidend.

Karczag wurde der Erfinder der großen Wiener Serienaufführungen: die „Lustige Witwe" machte es ihm leicht, sie wich nicht vom Spielplan, es gab Leute, die sie ein drittes, ein viertes Mal besuchten. „Siehst du", sagte er zu Léon, „eine wirklich g u t e Operette braucht keine Ausstattung . . ."

Als die „Lustige Witwe" am Theater an der Wien zum 300. Male aufgeführt wurde, ließen die Direktoren für den Abend eine Denkmünze prägen, die jeder Besucher nebst einem Klavierauszug erhalten sollte, und baten, nach längerer literarischer Beratung, Victor Léon um eine passende Umschrift. „Lassen Sie um Lehárs Kopf", erwiderte er perfid nachdenklich, „die Worte schreiben: Regen Sie sich nicht auf, das is ka Musik!"

*

Damals gab es ein paar neue Männer, ja, Ascher* kam mit „Vergelt's Gott!"; Eysler brachte den „Bruder Straubinger", und ein junger Kapellmeister namens Leo Fall, ebenfalls Sohn eines Militärkapellmeisters, kam mit einer neuen Operette „Der Rebell" einen Monat vor der „Lustigen Witwe", nachdem er vergeblich Opernerfolge gesucht hatte („Paroli" in Hamburg, „Irrlicht" in Mannheim). Aber die kleine Hanna Glawari erregte eine Revolution. Im Wesen kämpfte Franz Lehár mit Jacques Offenbach und seiner Tradition, die „Lustige Witwe" mit der „Großherzogin von Gerolstein"; sie siegte, obwohl sie textlich von Offenbachs Librettisten Meilhac abstammt, also letzte Ausläuferin, Urenkelin war.

In der „Lustigen Witwe" traten zum erstenmal auf Operettenboden moderne Menschen, kurzweg: Menschen auf. Graf Danilo ist kein Barinkay mit der Romantik vergrabener Schätze und geheimer Fürstenabstammung; er ist Gentleman und sein Schicksal entspringt seinem Ehrgefühl. Er liebt die reizende Frau Glawari, und es wäre seine patriotische Pflicht, sie zu heiraten und dem armen Vaterland ihre Millionen zu retten. Aber die Gentleman-Ehre verbietet, eine Frau zum Anhängsel ihrer Mitgift zu machen.

Danilo behält den kühlen Kopf, läßt sich nicht aufs Eis locken, widersteht Anspielungen und Koketterien, er ist kein dummer Reitersmann. Doch wie —? Diese Hanna kokettiert mit dem blödsinnigen Camill? — ah, man kann sich noch sehr beherschen; aber bei solchen Gemeinheitsverlobungen geht jedem das Temperament durch. Im Märchen von den Königskindern durchbrechen empörte Schreie die glatte Melodie, die Musik erschrickt vor den Tönen der Bitterkeit, zieht sich zurück. Und Danilos Gefühle beginnen zu lügen. Mit falsch lächelnder Gelassenheit versichert das Cellosolo: „Da geh ich zu Maxim . . ."

Die mondän-lässige Gebärde des Liedes sagt mit luxuriöser Instrumentation, wo er seine Nerven betäuben wird. Man kann von Barsentimentalität oder Cocktailpoesie, — von Banalitäten sprechen, aber alles vibriert von Wirklichkeit. Ein heiteres Spiel mit ernstem Hintergrund, ein ernstes Spiel mit heiterer Umwölkung.

Eine elegante Lustspieldrehung bringt die Lösung. Die Witwe Glawari erklärt, ganz arm zu sein. Nun fallen die Hemmungen Danilos weg. Er kann ihr seine Liebe gestehen. Und erfährt er nachträglich, daß sie deshalb arm sei, weil das Vermögen ihm, dem künftigen Gemahl, zufalle, so ist es köstlich: die Liebe bleibt unberührt von Geldgedanken. Die Handlung ist also ganz innerlich, ja von einem sittlichen Grundgefühl beherrscht, wie es ähnlich schon in Goethes „Hermann und Dorothea" steht.

Mit der „Lustigen Witwe" kam die „vernünftige Operette" auf, man wurde Intelligenzler genannt, wenn man sie besuchte, das Wort „Operettenblödsinn" starb ab. Alsbald wurde ihr Aufbau Klischee, die Nachfolger brachten die Operette mit dem Moll-Finale, den erotischen Walzer, den Tanzabgang, die große Instrumentation. Diese Marke wurde Exportartikel und hielt vor, bis Lehár als sein eigener Nachfolger wieder ein neues Klischee schuf.

Nicht zu vergessen ist, daß zur Renaissance der Operette Léons Buch wesentlich beitrug. Schon als Léon für Johann Strauß den Simplizius schrieb, schwebte ihm der Gedanke einer Reform vor. Der Naturalismus des neuen Dramas auf die Operette übertragen. Mit der „Lustigen Witwe" hat er ihn verwirklicht.

Danilo und diese lockende Frau Glawari, die sein Mißverständnis von Anfang an versteht — das Weib lenkt ihn als die Überlegene — machten die Operette zu einem Typus, der sich nicht mehr verlieren, ja, der Schule machen sollte. Seitdem kam die neue Schablone auf: er will nicht, dann will sie nicht, oder sie will und er will nicht, am Schluß wollen beide. Die Dollarprinzessinnen und die mondänen Frauen der sentimentalen Aktschlüsse, die Damen des

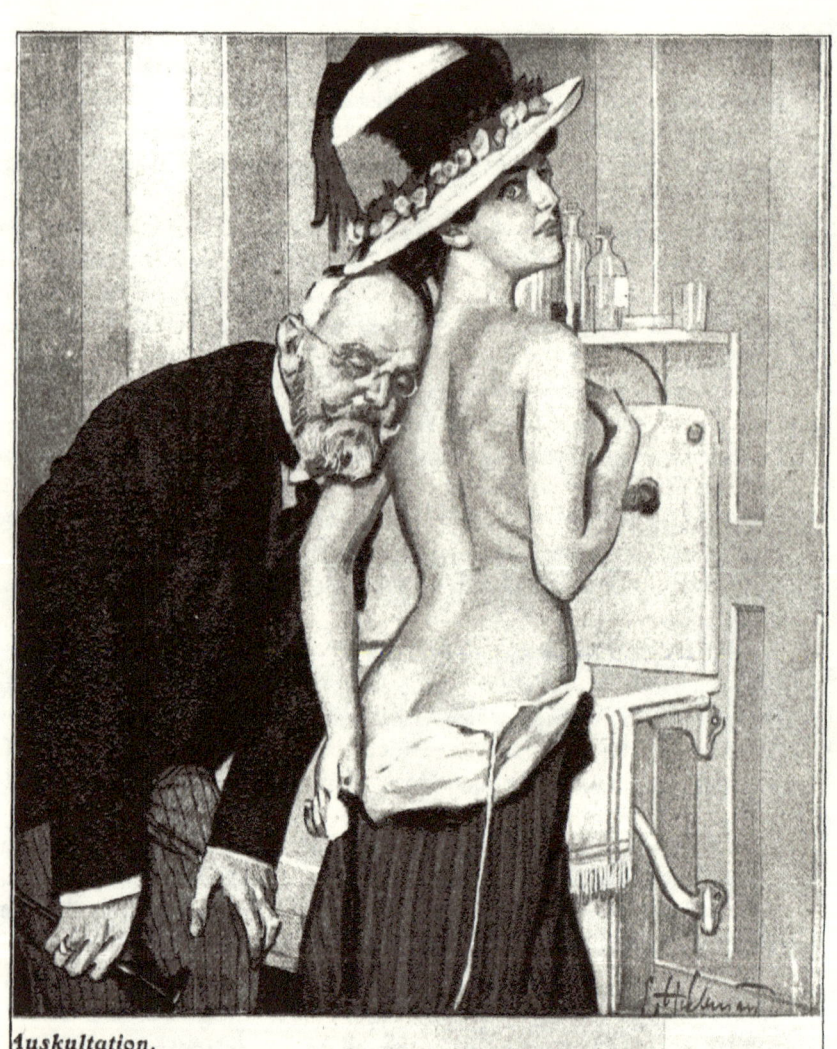

Aus den „Lustigen Blättern" (1909, Nr. 50)

„man kann oft nicht, wie man gerne möchte" stammen von der Glawari; auf der Bühne kamen mit geblähten Nasenflügeln die Märtyrerinnen sozialer und rassischer Spannungen auf, die historischen Kurtisanen, die Katharinen von Medici und Rußland, die Pompadours und Kleopatras: Hanna Glawaris ungezogene Enkelinnen.

*

Lehárs Ton hypnotisiert. Die Einleitung ist Illustrationsmusik, die die Glawari vorbereitet. Im Tempo di mazurka erscheint Hanna (während Valencienne, ihr Gegenbild, die „anständige Frau", unter abgeknapsten Sechzehnteln des Leichtsinns, unter Flötentrillern erschien). Die feine, kühle Oboe begleitet Hanna mit einer scharmanten Kostprobe ihrer Reize, einem melodischen Bruchstück, woraus später der flirtende Hauptwalzer entsteht: „Hört, wir Witwen ach, wir sind begehrt . . .". Ihre Persönlichkeit entwickelt sich; im leisen Flüsterchor, A-Dur, bewundern die Ballherren die Ballsirene, Holzbläser imitieren redselig bestätigend die Worte der Singstimme, zarter Mollklang gibt der reservierten Glawari die wissend ablehnende Gebärde, und ihre Stimme trillert den Schlußtriumph.

Ganz anders der große Kampf- und Eroberungswalzer des Danilo, der das erste Finale bildet: „Oh, kommt doch, ihr Ballsirenen!". Lechzende Achtel keuchen im Ritardando des Auftakts; in sinkender chromatischer Linie preßt sich Gefühl zusammen, will ergreifen, umschlingen, besitzen. Die Musik verrät eine begehrliche Seele, Hanna weigert sich ihr, erliegt der Berauschung — ein unbeherrschter Augenblick — Glückschauer rieseln, die beiden Menschen stehen unter Walzerzwang, tanzen stumm das Finale. Im Tanz liegt Bekennen des Unbekennbaren.

Das war neu: der Tanz als Sprache der letzten Ekstase. Später („Wo die Lerche singt") wird Lehár es ausweiten: der Maler, der die Geliebte zum erstenmal im Zorn und den schlagenden Ausdruck für ihr Bild aufblitzen sieht, tanzt mit ihr einen stummen Indianertanz der Seligkeit. In „Eva" tanzen nach dem Abgang des drohenden Larousse die Gäste Flauberts eine Melodie von 64 Takten, es ist ein langer Tanz auf einem Vulkan.

Die Zunge des dramatischen Tanzes sollte beredsam für alle Bühnen der Welt werden.

```
COM. SUN. NIGHT, MARCH 30—Seats Thursday
Opening Night
     Marks

          5000th Performance
          in America
          When Souvenirs Will Be Presented to All Ladies
          ENORMOUS ALL-STAR REVIVAL


     HENRY W. SAVAGE'S
     THE MERRY WIDOW


MABEL WILBER, CHAS. MEAKINS, OSCAR FIGMAN
60 FASCINATING GIRLS and „THE MERRY WIDOW'S" Own Orchestra
```

Zeitungsanzeige (San Francisco) zur 5000. amerikanischen Aufführung der „Lustigen Witwe"

DIE NEUE OPERETTE

Die „Lustige Witwe" hat zum erstenmal den Lehár-Stil ausgeprägt. Sie führte entwickelte Musik in die Operette ein. Die Stimmung von Szenen wird später aus einem einzigen Motiv keimen, wie in „Endlich allein", zweiter Akt, die Operntechnik auf die Operette übertragen werden.

Der Komponist entstammt noblen, ritterlich gestimmten, viele Kinder erzeugenden Rassen; er selbst ist kinderlos, der sinnliche Impuls schwillt in die Musik. Seine Walzer haben eine kaum verborgene Unkeuschheit, die nicht abstößt, weil sie naturhaft wie vorzeitlich anmutet.

Das treuherzig Ländlerhafte des Altwiener Walzers fehlt dem Lehár-Walzer vollständig. Immer guckt bei Strauß und Millöcker der Tanzboden, das Hügelland, das „Blauaugete" durch. Lehárs Walzer ist schwarzäugig: ein Walzer der Steppen und Pußten, der Walzer eines Einsamen, der sich krank sehnt — die Mollkadenzen, die unterdominantischen Elemente reden vom Reiz des Vergeblichen.

Danilo umtanzt die schöne Glawari so lang allein, bis sie erliegend mittanzt. Diese Geste haben dann alle Lehár-Walzer. Sie sehnen sich und reizen durch demütige Werbungsversuche. Meist umwirbt dabei der kultivierte Wilde, heiße er Danilo oder Stavros, das mondäne Weib als unerreichbare Beglückung. Oder es ist umgekehrt: Flaubert verlangt die Arbeiterin Eva. Die rassische Blutspannung wächst, die Hemmungen werden überwunden, die Melodie, die unablässig einen Ton umsingt, hypnotisiert durch unterwürfige Zärtlichkeit: ich bin dein Sklave. Das ist slawisch und ein masochistisches Element.

Aber der Slawenwalzer steht immer v o r dem Korybantismus der Erfüllung. Seine Sinnlichkeit ist von primärer Unerschöpflichkeit, endet in süßen Mollschauern, um darin wieder zu erwachen.

Cherchez la femme ...! Der Lehár-Walzer fleht. Er greift ins Endlose; heimatlos umkreist er die Welt der Frauen und die Frauen der Welt ... Er ist die letzte Leidenschaft der Melodie überhaupt.

*

Gegen die buhlerische Melodik dieser Walzer, gegen den mondänen Schlenker-Rhythmus des Maxim-Liedes und seine ironische Entschlossenheit, und wieder gegen den Schlagerton des Weibersepetts steht der Slawenton der

Kolos und Polken, der elegischen Lieder mit primitiver Rhythmik, mit uralten melodischen, ja kirchentonalen Elementen: Folklorismus gegen Raffinement, musikalische Unschuld gegen Überkultur, Exotik gegen Wienertum. Und alles mischt sich zu einem neuen, fremdartig schillernden Gesamtton, der ein Weltton wurde.

Gegen den Geist der neuen Musik hatte sich die Operette am längsten gewehrt; länger als Lied und Sinfonie.

Die Operette ging an Berlioz und Liszt, an allem Erbeuteten und Eroberten vorüber, blieb dumm und „fesch", schwelgte mit wenigen Ausnahmen (Heubergers „Opernball") im Wiener Heurigenton, in Straußerei und Schrammelei. Die Jugend haßte die Operette als Hort der Stupidität in Terzen und Sexten, und ihr Tonika- und Dominantgeleier erregte Mitleid. Nun hatte sie Klasse.

Durch die einfachsten Kadenzen klang das neue harmonische Bewußtsein. Eine Melodie wie die vom „Kleinen Pavillon" mit ihrem weichen Terz-Umschlag, *f — des*, dem Konsonanzgefühl auf dem „dissonanten" Vorhaltston *es*, dem moll-unterdominantischen Zwielicht war die erste moderne Linien-

führung in der Operette. Das Ungenießbare wurde genußreich, das Reizlose reizvoll, und man kann sagen: die „Lustige Witwe" bedeutete eine Wende in der Geschichte der Operette, wie im 18. Jahrhundert „Lottchen am Hof" von Weiße, im neunzehnten Offenbachs Götterparodien Wenden bedeuteten, oder wie die Beggars' Opera von 1728, welche der Musikantenmusik und Canaillenkunst (ein Ausdruck des Wiener Musikhistorikers Wilhelm Fischer) zur Kunst erhoben.

*

Lehár gehört zum Vortrab, nicht zum Nachtrab. Aber er erobert schrittweise. Will nie den Boden unter den Füßen, nie die Korrespondenz mit dem Hörer verlieren. Auf verblüffende Wagnisse macht er Konzessionsmusik. Der Psycholog des Erfolgs verlegt gewisse Hörstrapazen in reine Instrumentalepisoden. Der Gesang weiß von nichts, nimmt seinen tonalen Lauf in schöner Linienführung zu der üblichen Schlußkadenz. Der Komponist stürmt vorwärts, hält ein, blickt zurück, ob der behäbige Hörer auch nachkomme: er soll unterhalten, nicht erschreckt sein.

Nur eines läßt die orgienhafte, erotische Musik Lehárs in ihrem Charme, ihrer eleganten Bestrickung, ihrem zärtlichen Habitus bis heute vermissen: Mut und Härte. Es ist eine Frage der Rasse, des Charakters, wahrscheinlich auch der Stoffe, die er wählte.

Das Operettenpublikum, das immer den neuesten Sensationen auflauert, ist ja konservativ bis in die Knochen und puritanischer als es selbst weiß. An seinen Grundgefühlen und -ansichten darf nicht gerüttelt, seine gesellschaftlichen Überzeugungen müssen respektiert werden. Da ist Ehe, da ist Liebe. Freie Liebe gibt es nicht. Siegmund und Sieglinde sind ein operettenunmögliches Paar. Carmen? Carmen wäre Operette, Butterfly ist es: die Damen sterben ehrenvoll nach vollbrachter Entehrung wie Sünderinnen bei Paul Heyse. Das Publikum genießt die gezuckerte Katharsis gerechter Moral. Wie eingehend wird in „Endlich allein" nachgewiesen, daß Franck die Dolly in jener Nacht auf dem Berg (2. Akt) nicht berührt hat, alles *ad aures spectatoris:* eine junge Dame muß jungfräulich in die Ehe treten. Es wird nicht mehr das happy end verlangt, aber die Moral darf nicht erschüttert werden. Selbst die verluderte Kleopatra von Oscar Straus muß am Schluß wenigstens den Antonius heiraten. Zeit- und Kulturfragen werden meist nur als komischer Aufputz geduldet — Alpha und Omega bleibt die Liebe und ihr legitimes Ende.

*

Nur in einem Punkt begrenzt Lehár seine Vorsicht nicht: in der Instrumentation. Da ist er ungehemmt neu. Der Richard-Strauß-Impressionismus, der Farben-Kontrapunkt, der Mahlerklang, der Puccinismus lagen in der Luft. Ihrer bemächtigt sich Lehárs Losonczer Technik mit sicherem Griff. Seine Orchesterverwachsenheit zeitigt mühelos das Kolorit für die neue musikalische Landschaft. Und dann l i e b t er das Orchester. Darauf kommt es an. Das

Brahmssche Orchester hat seinen mürrischen Klang, weil Brahms das Klavier und die Kammer liebte. Lehár, darin mit Strauß verwandt, steht in einem Liebesverhältnis zum Orchester.

Im Vilja-Lied klingen — zum erstenmal im Operettenorchester — zwei silberige Melodielinien der Soloviolinen über geteilten Tutti-Geigen, vierfache Teilung, zu der zwei Tamburizzas, Gitarre und Tamburizzabaß klirren. Eine Instrumentation der Sehnsucht: mitten im Parfum von Paris erscheinen die Berge der Heimat als musikalische Vision.

Wenn Johann Strauß sich mit dem klassischen Umfang von Geigen und Celli begnügte, so treibt der moderne Geiger Lehár die Violinen bis ans Ende des Griffbretts und jagt die Cellisten in die alpinen Gegenden des Daumenaufsatzes hinauf. Er bettet Gesangsthemen in flirrende Streichertremoli, über dem Septett vom Studium der Weiber grimassieren Holzbläser mit verhöhnenden Kontrapunkten (lange Nasen für die sieben Herren . . .), es gibt Kettenfiguren einander ablösender Klarinetten, auf- und absteigende Harfenskalen, Blitzfunken von Glocken, Flageolets von Geigen. Das Maxim-Lied atmet eine geradezu parfümierte Atmosphäre — es ist Peau-d'Espagne-Musik — eine Summe von Inspiration und Erfahrung führt den Pinsel.

Meistens ist alles so einfach wie möglich. Zwar kommen Violinfiguren vor, die der Komponist mit Fingersätzen versehen muß; aber sie klingen brillant, als seien sie doppelt so schwer. Und in der Regel herrscht Meisterbeschränkung oder, wie man hier sagen muß: Militärkapellmeisterbeschränkung.

Er führte einen siegreichen Kampf um die volle Orchesterbesetzung, denn die Theaterdirektoren waren in diesem Punkte sparsam wie die Musikhauptleute der alten Armee. Er mußte sich anfänglich mit sechs Primgeigern, zwei Sekundgeigern, zwei Bratschen, zwei Celli, zwei Bässen, einer Oboe, einem Fagott, mit drei Hörnern, bisweilen einer Posaune und Schlagwerk begnügen. Er kämpfte, von den Kapellmeistern unterstützt, um die Harfe, die Tuba, das vierte Horn, die volle Holzbläser-Besetzung. In den Opernhäusern erklangen seine Partituren in ihrer Originalfülle, der Dirigentenehrgeiz kam auf seine Kosten.

Der Komponist hat aus dem Operettenorchester, das ein begleitendes mittanzendes Wesen war, ein mitdenkendes gemacht, aus einer bloßen Gitarre einen tönenden Hintergrund. Unbewußter Formtrieb und die notwendige

Ökonomie führten seine Phantasie zu der Technik motivischer Reminiszenzen, die bei Johann Strauß nur gelegentlich angewendet wurde. Lehárs Operette ist eine motivisch angelegte Einheit.

Das Maxim-Lied ist im Mund des Danilo zuerst ein Selbsttrost: „Da geh' ich zum Maxim!", im zweiten Akt eine Waffe von beißender Ironie. Wenn der alte Onkel Pál dann in der „Lerche" die liebesgetäuschte Margitka tröstet und von der Heimat spricht, steigt aus dem Orchester das Auftrittslied der Margitka, aber sein Jauchzen ist Sehnsucht geworden, das Orchester überredet sie zum Dorfglück: „kehre heim". In „Eva" wachsen ganze Szenen aus einem, aus zwei Motiven: das eine, sauertöpfische, mit seinen gelangweilten Vorschlägen ist die einförmige Büroarbeit:

das andere, keck aufsteigende, das unternehmungslustige, verführerische Lavallière- oder Pariser Motiv:

Im „Grafen von Luxemburg" überpurzeln sich die Hörner bei Renés Auftrittslied, und das Orchester bindet, ein Bild toller Verschwendungssucht, drei Motive zugleich.

In „Frasquita" wird das Liebesmotiv ins Wütende, ins Zeternde, ja bis ins Grausame verzerrt, wenn sich die Bestie im Weib meldet: Kaskaden hoher Trompeten stürzen entsetzt herab ...

Wandlungen des Liebesmotivs in „Frasquita"

Nach Lehár war ein uninteressanter Harmoniker oder Instrumentator erledigt, eine Operettenmusik ohne Harfe, ohne Stopftrompeten und Klangartistik unmöglich. Ja, es gibt eine gewisse Lehár-Manier, zu der die pathetische Lehár-Triole gehört:

Genaue Kenner seiner Werke hören sogar eine gewisse Lehár-Gebärde heraus. Die Hauptsache ist: durch ihn bekam die Operette eine neue Stimme, und kein Zufall, daß sie aus Wien kam.

Wien, die Stadt am Tor des Orients, mengt diese moussierende Musikmischung aus allen Essenzen ihres Geblüts, Champagner, Tokayer, Burgunder mit einem Schuß Hobé und Casali.

DER ERFOLG

Lehár war fünfunddreißig, als er die „Lustige Witwe" schrieb, noch zu Lebzeiten ein berühmter Mann. Die Geschichte seines weiteren Lebens wird eine Geschichte seiner Erfolge. Im gleichen Jahr entsteht die Kinderoperette „Peter und Paul im Schlaraffenland", das Jahr 1906 fällt leer aus, 1907 bringt den „Mann mit den drei Frauen" sowie den Einakter „Mitislaw der Moderne" (für Natzler); das Jahr 1908 wird eines der fruchtbarsten: es bringt drei Operetten: das „Fürstenkind", „Graf von Luxemburg" und „Zigeunerliebe". Er selbst wird auf die Bühne gebracht, erscheint als Operettenkomponist Höfer in Victor Léons Komödie „Der große Name" und Willy Thaller spielt den Höfer-Lehár.

»EVA« in Tripolis („Figaro", Paris, 1912)

Zehn Jahre ist er jetzt in Wien, der Name ist gemacht und seine Fruchtbarkeit wird als unheimlich empfunden. Er fand von der Oper zur Operette. Das war er selbst. Er hat begabte Konkurrenten neben sich: Leo Fall mit der

„Geschiedenen Frau", dem „Fidelen Bauer", der „Dollarprinzessin; Oscar Straus mit dem „Walzertraum", Kálmán mit dem „Herbstmanöver".

Soll man differenzieren, so wäre die entschieden operettigste Natur, die leichteste Hand, das graziöseste Stiltemperament der Mann mit dem Einglas im bedrohlichen Nero-Kopf: Leo Fall, und sein „Brüderlein fein" Typ der Operettenidylle, liebenswürdiger Vorläufer einer Kammeroperette wie „Dorine und der Zufall". Oscar Straus ist ein leicht kabarettisierendes Geblüt, Kálmán der Orlando furioso, der fortreißende Tatar; aber der Musiker schwersten Kalibers, höchster Gradhältigkeit unter den Populären: Franz Lehár.

Die neue Operette ergoß sich saisonweise, Schlager folgten Schlagern. Lehár, der Durchbruchsmusiker, blieb der aufgeführteste. Sein Name auf dem Zettel genügte für 25 Vorstellungen. „Zigeunerliebe", „Fürstenkind" und „Graf von Luxemburg" werden in drei Wiener Theatern im gleichen Jahr je 200 mal gegeben, eine Rekordziffer. Aber jedes Werk hat bei gleicher Faszinationskraft auch sein eigenes Kolorit, keines ein Fabrikzeichen. Fast zur gleichen Zeit wie Hans Rudolf Bartsch (in den „Zwölf aus der Steiermark") fand Lehár den neuen erotischen Ton. Frau Else und Hanna Glawari sind eine neue Frauenrasse, aber Lehár bleibt bei diesem einen Typ nicht stehen. Sein Eros ist immer melodisch neu timbriert.

EMPIRE THEATRE CALCUTTA

Half-Owner and Manager . . . . MAURICE E. BANDMANN
Business Manager . . . . T. C. MAXWELL

Mr. GEORGE EDWARDES'
NEW DALY'S THEATRE PRODUCTION

GIPSY LOVE

(DIE ZIGEUNER LIEBE.)
A MUSICAL PLAY IN THREE ACTS
By A. M. WELLNER and ROBERT BODANZKI. English Libretto by BASIL HOOD.
Music by FRANZ LEHÁR. Lyrics by ADRIAN ROSS.
Exclusive Rights for the Mediterranean India and the Far East by arrangement with Mr. GEORGE EDWARDES.

Theaterzettel „Zigeunerliebe", Aufführung am Empire Theatre, Calcutta

Seine Arbeitsliste in den nächsten Jahren ist eine Liste einander sich ablösender Erfolge: 1910 der Einakter: „Rosenstock und Edelweiß", 1911 die „Eva", 1913 die „Ideale Gattin", 1914 „Endlich allein".

Bis zu „Endlich allein" erschien jedes Jahr ein Werk Lehárs, nun treten Pausen von zwei Jahren ein, 1916 folgt der „Sterngucker", 1918 „Wo die Lerche singt", 1920 „Die blaue Mazur".

Die „Tangokönigin" (1921) benützt im Rückgriff das motivische Material des „Göttergatten", den schon die „Ideale Gattin" ausgebeutet hatte. Der „Sterngucker" hinwiederum geht musikstofflich in die „Danza delle Libellule" (1922) ein, die weniger in Österreich als in Italien einen beispiel-

AUS DER BERLINER AUFFÜHRUNG DER »IDEALEN GATTIN«
mit Fritzi Massary, Matzner, Spielmann.
Nach einem Aquarell von Fritz Schwormstädt, 1913

losen Anklang fand. Es meldet sich hier der Lehár der Umarbeitung. Später wird er die „Gelbe Jacke", wird er auch „Endlich allein" umarbeiten. Er tut es leidenschaftlich. Der Meister will Meisterschaft vor sich selbst bestätigt sehen. Wenn er in einem älteren Werk Mängel aufspürt, hat er keine Ruhe mehr. Ein innerer Zwang treibt ihn an, er leidet einen fast körperlichen

Druck, solange, bis er sein Gewissen durch Umarbeit beruhigt. Das Umarbeiten ist kein Sport, sondern ein Müssen, er möchte tadellose Werke hinterlassen, und den künftigen postumen Umarbeiter durch eigne Hand überflüssig machen. Das ist das Ethos Lehárs, des Umarbeiters.

Blickte er jetzt auf seine Lebensarbeit zurück, so gab es zwar eine Fülle, aber eine variable, ungleichwertige.

AUS DER WIENER AUFFÜHRUNG VON
»ENDLICH ALLEIN«
Mizzi Günther und Hubert Marischka, 2. Akt. 1914

Im „Fürstenkind" war griechisches Kolorit durchmischt mit wienerischem: die Liebe des Räuberhauptmanns zu seiner Gefangenen, und seine Scham vor der eigenen Tochter. Im „Grafen von Luxemburg" die Ehe des verarmten Aristokraten, aus der zuletzt Liebe wird. In „Eva" ein sozialer Konflikt, der „Haubenlerche" von Wildenbruch nachgebildet. Die „Lerche" benützt den wirksamen alten Kontrast von Dorf und Stadt. Der Maler liebt das Bauernmädchen auf dem Land, die Stadt bringt die Erkenntnis der Unvereinbarkeit. In „Frasquita" entfesselte Südleidenschaft des Carmen-Weibes und zum erstenmal ein großer Lied-Schlager „Das blaue Himmelbett", das abgelöst von der Operette durch die Welt geht.

War seine Phantasie nicht reicher geworden, der Einfall nicht schmissiger, die Eleganz von Linie und Harmonie nicht eleganter? Gewiß. Aber die Pausen von zwei Jahren? Auch seine Vorsicht war gewachsen. Und vor allem die Sehnsucht nach einer eignen stofflichen Sphäre, nach dem entzündenden, nicht bloß komponierbaren Stoff. Wird er es erreichen?

Er hatte in zwanzig Werken zwanzig neue Stoffe gewonnen, ungarische, polnische, spanische, griechische, chinesische, mondäne Pariser Atmosphäre. Er braucht immer starkes rassisches Kolorit. Er kann sich auch beschränken, er schreibt einmal einen zweiten Akt bloß für zwei singende Personen. (In „Endlich allein", dem „Tristan" unter den Operetten.) Aber er sucht weiter. Vor allem nach neuen Menschen, denn nur aus ihnen kommen neue Stoffe. Sein Typ ist nicht die Volks-, nicht die exzentrische oder parodistische Operette. Nichts liegt ihm ferner, als Musik zu Ausstattungen zu schreiben. Was sucht er?

Befreiung von allem Schablonenhaften! Die Handlung soll nicht bloß unterhalten, sondern ergreifen. Weder unmotivierte Heiterkeit noch eine falsche Träne, weder Pathetik noch Posse. Ein Spiel mit menschlichen Konflikten, unbeschwert, doch dauernd. Sonne und Wolken. Wie der Name lautet, ist gleich. Das neue Lehár-Genre soll eine Klasse für sich sein, soll die Reize der Tanzoperette, des Melodrams, Züge der komischen, der großen Oper vereinigen. Als Kern eine dramatische Situation, packend, rührend, spannend. Jede Hauptfigur musikalisch profiliert. Lyrik und Komik — alles aus der Handlung. Das Gespräch gleitet in den Gesang hinüber. Es gibt keine aufgeklebten Nummern mehr. Das alles war schon angebahnt. Es muß vollendet werden.

Will er zur Oper? Auch Jacques Offenbach wollte es und kam hinüber, als Oper und Operette einander noch nahestanden. Lehár will es gar nicht. Er will sein Genre pflegen, sein Genre erweitern, ausbauen, erhöhen. Wohin

AUF DER HÖHE DES ERFOLGES
Nach der Erstaufführung von „Endlich allein"
(Aus dem Wiener „Floh", 1914)

es führt, ist einerlei. Er will sich ausschöpfen. Seine Melodik, weich, üppig, verführerisch, strotzend, bestimmt sein Genre. Die Straße der Kunst ist breit, jeder kann nur seinem Stern folgen. Hier das dreiste parodistische Experiment der „Dreigroschen-Oper", dort die delikate Spiel- und Melodie-Operette.

Lehár arbeitete etwa bis zum „Grafen von Luxemburg" mit Victor Léon, der ihm die ersten Welterfolge brachte. Die „Juxheirat" ist ein Buch von Julius Bauer, der „Graf von Luxemburg" eines von Dr. A. M. Willner und Robert Bodanzky, die mit Lehár auch „Eva" und „Zigeunerliebe" arbeiteten. Das „Fürstenkind" ist wieder von Léon, und zu ihm kehrt Lehár mit der „Gelben Jacke" zurück. Lehár, der eine Macht geworden war, war aus einem Textsucher ein Textwähler geworden, ein Mitarbeiter am Buch, ein strenger und subtiler Chef seiner Librettisten. Er ist wortempfindlich, er ist bühnenempfindlich, er beruhigt sich nicht eher, bevor das Phantasiegewollte nicht „sitzt", er komponiert voraus, verlangt poesieerfüllte Nachtextierung, verwirft die herrlichsten Verse — kurz, in der Branche wird erzählt, daß Lehárs Librettisten nach einer neuen Operette mit Vorliebe ein Sanatorium aufsuchen . . . .

DAS NEUE GENRE

Im April 1923 brachte ihm ein Bekannter, Herr Wögerer, ein Manuskript, ohne den Verfasser zu nennen. Lehár, damals leicht erkrankt, verläßt das Haus nicht. Am Abend legt er, mehr aus Langeweile als aus Neugier, das Buch aufs Klavierpult. Es heißt „Paganini", beginnt mit Chorversen, die Durchschnitt sind. Aber die nächste Szene reizt. Noch lesend greift Lehár in die Tasten. Eine G-Moll-Stimmung ... eine Es-Dur-Stimmung ... ein Geigensolo formt sich ... Er liest, er spielt: plötzlich ist die Grundfarbe für den Stoff da. Das Buch hat sich seiner bemächtigt, läßt ihn nicht mehr los, es hypnotisiert ihn, er notiert Themen auf eilige Zettel — um ein Viertel zwei Uhr früh ist der erste Akt skizziert.

Um ein Viertel zehn hatte er damit begonnen. Vier glückliche Stunden. Vielleicht die glücklichsten des Komponisten: die der ersten Brunst, der schöpferischen Heimsuchung. Und er notiert in sein Skizzenbuch: „Mein Geburtstagsgeschenk vom Lieben Gott!"

Das Buch war „Paganini" und stammte von Paul Knepler.

Was Lehár daran gefiel und seine Phantasie berührte, war der in der Musik wurzelnde Konflikt: Niccolò Paganini komponiert eine Serenade und zwei Frauen kämpfen um die Widmung, das heißt um den Mann, der sich ihnen damit widmete, die Fürstin Anna Elisa, die Schwester Napoleons, und eine Sängerin, Antonia Bianchi. Paganini steht zwischen den beiden Frauen, erobert beide, um keiner zu gehören, denn der Künstler gehört der Welt. Eine Figur, die in Lehár verwandte Saiten anschlug.

Nun wollte Paul Knepler, der schon eine Operette („Josefine Gallmeyer") komponiert hatte, den Geigendämon selbst in Musik setzen, hatte schon Partiturskizzen und war sogar etwas voreingenommen gegen die Lehársche Vertonung. Aber er nahm alles zurück, erklärte sich geschlagen und war nur noch Bewunderung, als er sah, wie sicher der Tontreffer Lehár die Töne einer italienischen Kantilene, das Pariser Geprickel, das Gegröhle einer Schenke traf.

Die Uraufführung des „Paganini" fand am 30. Oktober 1925 am Johann-Strauß-Theater mit Emmy Kosary und Karl Clewing statt. Am Johann-Strauß-Theater, bei Erich Müller, in der Favoritenstraße; nicht mehr drüben bei Hubert Marischka, dem Nachfolger Karczags, im alten Hauptquartier, an der Wien. Marischka, der Geschmacksdiktator in Wiener Operettendingen, findet, daß die Rolle des Paganini ihm nicht liegt. Er pflegt eine andere Richtung. Er geht der Revue-Operette nach. Es gibt eine Trennung auf Jahre, für Lehár eine künstlerische Lebensfrage. Erich Müller, der Dritte, freut sich. Er gibt sich Mühe mit Regie und Ausstattung. Große Ehre: eine Lehár-Première.

Für den Paganini wurde Karl Clewing aus Berlin verschrieben. Aber Karl Clewing, der einmal Walter Stolzing in Bayreuth war, ist mit seiner Blondheit und Massigkeit eigentlich ein Anti-Paganini. Das Original hat mit knochendürren Geisterfingern die Geige gespielt, aus totenblassem Antlitz brannten dunkle Feuerräder. Clewing bemüht sich um das Hoffmanneske der Figur, macht sich schmal und skelettig, täuscht Dämonie vor, singt Heldentenor („mehr »Götterdämmerung« als »Lehár«", sagt ein Beobachter) — aber wo wäre auch der Künstler für den genialisch-hinreißenden Phantasten der Geige gewesen?

Lehár hat zu Neues mit der Figur gewagt. Weder das Publikum noch die Sänger für dieses Genre sind da. Die Operettenheiterkeiten fehlen, nur ein halbkomischer Impresario tut gewohnheitshalber mit; dafür gibt es ein paganinihaftes Violinsolo, das Paganini selbst spielen müßte, und ein Hexenballett. Der Erfolg ist soso. Die Leute wissen nicht recht. Ja, ja, italienisches Kolorit, Barcarole, Tarantella, Bellinismus, magisch-beleuchteter Hexentanz. Aber man kann nicht lachen, es ist „Oper" sagen sie. Manchmal ist es so schön, daß Lehár selbst den Taktstock niederlegt, nur zuhört, genießt, vergißt.

Krisenluft weht um die neue Operette. Das Wohltätige einer Krise. Bin ich auf dem rechten Weg?

Paganini, dessen Geige die Welt betörte, der Ritter Niccolò, der „im Bund mit dem Teufel" stand, war die Figur, mit der eine bewußte Wendung in Lehárs Schaffen kam. Sein vages Wünschen wird Klarheit, sein Tasten fester Griff. Von nun wird er nicht mehr beliebige Liebespaare besingen, er wird seine Musik nur Herzensromanen widmen, die sich nacherleben lassen. Er will die ernstzunehmende Operette. Die Operette mit Horizont und Höhe. Die *res severa*, die *magnum gaudium* ist.

Vorher aber noch ein Intermezzo. Ein Versuch mit der Situationsheiterkeit des Schwanks. Diesem Gärungsprozeß entspringt „Cloclo".

Lehár hatte der Soubrette Louise Kartousch eine Operette versprochen. Er suchte für sie nach einem Buch der Lustigkeiten. Béla Jenbach fand es, er zog aus einem älteren Schwank von Horst und Engel „Der Schrei nach dem

Kind" (im Theater in der Josefstadt) ein Lustspiel für Musik. Cloclo, die Heldin, ist eine unbeschwerte Pariserin, die sich über die Welt lustig macht, einfältige Provinzgemüter an der Nase herumführt, die Behörden ohrfeigt und sie einlädt, ihr „den Buckel 'runter zu rutschen . . ." In drei Akten werden ihre Schwänke erzählt:

Wie eines Tags Madame Melousine Cornichon in Perpignan einen Brief an ihren Mann findet: „Lieber Papa, schick' mir eiligst Geld!" Wie sie selig errötet: er hat eine Tochter, eine verheimlichte, brave Tochter, worauf sie, von Muttergefühlen geschwellt, nach Paris fährt, das Töchterchen aus seinem Nest nach Perpignan bringt, als Geburtstagsgeschenk für Severin, ihren Mann. Wie Severin Halluzinationen bekommt, als er Cloclo in seinem Haus sieht, Cloclo, seine zuckersüße, teure Geliebte Cloclo! Nie war er ihr so nah, nie so fern. Denn Cloclo wird von der Polizei verfolgt — sie hat die Polizei geohrfeigt — die Spuren führen nach Perpignan, ins Haus des Bürgermeisters Severin Cornichon; und wie Cloclo unverschämt wird und erklärt, keine Tochter, sondern eine Tänzerin, die berüchtigte Cloclo zu sein, die Herrn Severin „Papa" nannte, weil er schon Fünfzig ist. Worauf Madame Melousine in Ohnmacht fällt . . . bis alles in einem Gefängnis endet, worin die Fidelität mit der nötigen Moral einem glückseligen Abschluß zutanzt.

Diese heitere Orgie will ohne Herzklopfen genossen sein, wie bei Madame Angot, wie die Fledermaus: die Sinnlosigkeit ist der Sinn. Obwohl sich der Textdichter für verpflichtet hielt, eine im Java getanzte Schlußweisheit zu verkünden:

> Wenn dir das Glück ein Schnippchen schlägt,
> Füg dich nur drein.
> Denk dir, das Schicksal kann
> Ja wieder freundlicher sein.

Lehár sieht in Cloclo die moderne Lebenslust und erfindet dafür zwei Symbolchen: ein rasches, dessen Keckheit keine Zeit hat:

und ein wurstiges, dessen Keckheit gelassen ist:

Das spielt ausgelassen durcheinander, je nachdem das reizende Laster aufgelegt ist.

Cloclos steigender Melodik folgt die fallende des Bürgermeisters, des verunglückten Lebemannes. Überhaupt ist Cloclo in Dur, er stets in Moll gehüllt, denn er kennt, was sie nicht kennt: den Gewissensbiß.

Der erste Akt endet als Spieloper; das Finale ist ein Reigen aller Themen. Der zweite Akt beginnt als Spieloper. Das wunderschöne provenzalische Lied, französischer Landschaftston auf Musettenbässen, verbreitet pastorale Stimmung, worauf ein reizvolles Idyll, „Die Familienlampe", folgt, meisterhafte Parodie der Philister-Gemütlichkeit.

Melousine, Severin und Cloclo sitzen am Tisch, die Kuckucksuhr schlägt, man strickt, man langweilt sich, Severin sucht mit dem Fuß erotische Berührungspunkte, aber ein tiefer Orgelton betont die unerschütterbare Solidität des Hauses. Die Klarinette lacht mit einem Zweiunddreißigstel-Gluckser.

Gegenstück bildet das Liebeslied Cloclos, „Pflück' die Rose dir", Es-Dur, eine süße Kantilene, unterspielt von einer obstinaten Nebenmelodie in ruhelosen Sekunden, wozu in unaufhörlichen Vierteln (209mal) die große Trommel schlägt: ein Stück, das der abgefeimten Cloclo ein liebenswürdiges, zitterndes Frauenherz einsetzt.

Das Lied trägt die Form eines Blues, Lehár verjüngt die alte Tanzoperette durch die amerikanische Rhythmik. Schon in „Eva", schon im „Mann mit den drei Frauen" findet sich der Tanzgeist des Westens, den das besiegte Europa seither angenommen hat.

Melousine singt „Ich habe »La Garçonne« gelesen" im Foxtrott-Rhythmus: das Couplet des Severin („Jeder Mensch hat seinen Spleen") klingt walzerig aus, beginnt aber mit niggerhaftem Moll-Getöse. Der F-Moll-Java „Feurige Tänzer" ist echtes Tanzstück, und seine gehackte Marionetten-Rhythmik hat moderne Bewegungsreize wie die Puppen Lotte Pritzels.

„Cloclo" wurde der Sprung in die Heiterkeit zurück.

Die Heldin ist eine erneuerte Madame Angot, „die Hände in den Hüften, gar nicht blöde, niemals spröde".

*

Die Aufführung ging am 8. März 1924 im Bürgertheater, einer Bühne zweiten Ranges, vor sich. Wiens beste Operettenkräfte wurden verpflichtet, Gisela Werbezirk für die Drastik der Provinzmama, Ernst Tautenhayn für den Provinzpapa, Robert Nästelberger für den Liebhaber Maxime und natürlich Louise Kartousch für die Cloclo, mit der sie eine Glanzrolle bekam. Es gab viel Beifall, aber die wahre Liebe war es nicht. Cloclo ist eine lustige Rolle, aber nur in einem einzigen Stück eine Frau mit dem Herz einer Frau. Lehár selbst fühlte sich nicht ganz bestätigt. Ein Nebenwerk. Es ist die Zeit, wo er in der Wiener Wertschätzung nicht am höchsten steht; sie geht seiner Kulmination voraus.

Ein neuer Abschnitt beginnt. Innere Kämpfe leiten zu ihm über. Sein Titel lautet: Berlin. Dort wird er nun entdeckt, von Berlin. Dort ist heute der große Theatermarkt. Dort wird ein auch anerkanntes Talent gemacht. Berlin war Lehárs Rettung.

AUS DER WIENER AUFFÜHRUNG VON »CLOCLO«
mit Tautenhayn, Kartousch und Werbezirk, 2. Akt. 1924

Die Schwankoperette „Cloclo" war ein heiteres Intermezzo. Mit diesem Werk hatte Lehár das Theater an der Wien verlassen, dessen Hauskomponist er im Lauf der Jahre geworden war. „Paganini" erlebte zwar noch seine Uraufführung in Wien, aber seine Serie machte er erst in Berlin, wohin Lehár auch mit seinen nächsten Werken „Zarewitsch", „Friederike", „Land des Lächelns" geht. Von diesem Zentrum aus begründet er die Serie der Welterfolge seiner vier Spätwerke. Was Berlin für ihn bedeutete, erhellt aus einem einzigen Beispiel. Am 17. November 1929 fanden dort n e u n Lehár-Aufführungen statt. (Im Metropol-Theater „Paganini" um 2 und um 5 Uhr, abends „Land des Lächelns"; im Theater des Westens „Friederike" um 2 und um 5 Uhr; im Zentral-Theater nachmittags und abends „Friederike"; im Steglitzer Schloßpark-Theater nachmittags und abends die „Lustige Witwe".)

Lehár aber verläßt Wien aus ernsten Gründen: er will sich frei machen von einer bestimmten Richtung, sein Schaffen nicht an das Programm eines bestimmten Theaters binden. Die Revue-Operette ist nicht seine Form. Er fühlt das und findet sich tastend und experimentierend schließlich selbst.

„Paganini" startete bei Direktor Saltenburg, der zuerst nicht recht an den Erfolg glauben und das Werk ins Lessing-Theater verlegen wollte. Als es dann (mit Richard Tauber und Vera Schwarz) am Deutschen Künstler-Theater erschien (30. Januar 1926), war die Wirkung so stark, daß nach dem Tenor-Lied „Gern hab' ich die Frauen geküßt" die Vorstellung minutenlang nicht weitergehen konnte. Richard Tauber sang das Lied ins Parterre, in die Logen, zweimal, dreimal, viermal. Das Publikum schrie, raste, stampfte Beifall, das leidenschaftliche Berlin bereitete der Musik, die die Kurve vom derben Tanzduett bis zur rotglühenden Opernphrase durchläuft, einen Triumph. Bemerkenswert ist, daß der Hauptschlager, das Duett „Niemand liebt dich so wie ich" erst vier Tage vor der (Wiener) Uraufführung eingefügt wurde. Das ursprünglich bestimmte heitere Tanz-Duett wollte bei der Probe nicht recht „sitzen" — Frau Kosary tanzte es zwar, aber Herr Clewing, der erste Paganini, war kein Tänzer —, so schrieb Lehár noch in der Nacht ein neues, affektreiches Gesangsduett. Er teilte es dem Textdichter telephonisch mit, d. h. Jenbach, der Librettist, ließ es sich einige Male telephonisch vorspielen. Er skandierte mit, erwog die Hebungen und Senkungen und improvisierte einen Text, der in seinem Stumpfsinn die richtigen Silbenmaße enthielt: „Juden essen gerne fett, Tralala, möcht' jetzt ins Bett . . ." Kurz darauf entschlüpften dieser Hülle die nachher oft zitierten eleganten Worte: „Niemand liebt dich so wie ich, bin auf der Welt nur für dich . . ."

Am 16. Februar 1927 fand die Uraufführung des „Zarewitsch" im Deutschen Künstlertheater, Berlin, mit Richard Tauber und Rita Georg statt. Es war ein Fest der Melodie. Das Buch von Béla Jenbach und Heinz Reichert geht auf ein Stück der polnischen Dichterin Gabryela Zapolska zurück (1860—1921). Der junge Zarensohn, der noch nie eine Frau geküßt hat, soll das Weib kennenlernen, schon der Nachkommenschaft wegen. Allein,

Photo: Ernst Schneider, Berlin
RICHARD TAUBER IN »PAGANINI«
(Aus dem Richard Tauber-Buch, Verlag Otto Elsner, Berlin)

RITA GEORG UND RICHARD TAUBER IN »DER ZAREWITSCH«

er ist ein russischer Parsifal, und so steht er auch vor der Tänzerin, die ihm von intriganter Hand ins Gemach geschmuggelt wird, zuerst tumb und keusch. Aber der Funken der Liebe springt über, und der höfischen Staatskunst beginnt vor ihren eignen Künsten zu grauen. Zu spät! Das Paar entflieht nach

Neapel, entzieht sich der Welt, lebt nur der Liebe. Aber die Welt findet es auf: der alte Zar ist gestorben, der Zarewitsch muß den Thron besteigen, und seine erste Regierungshandlung heißt — entsagen. Mit der Wehmut des Abschieds endet der „Zarewitsch", der eigentlich eine Herzenstragödie der armen Sonja ist, ein russisches Seitenstück zu „Alt-Heidelberg".

Die Musik ist auf den russischen Ton gestimmt: Melancholie der Steppe, Wehmut in Dur und Moll, kirchentonale Intervalle, orientalisierende Volksmelodik. So gleich im „Wolgalied" des Zarewitsch: „Es steht ein Soldat am Wolgastrand" mit dem Einsamkeitshauch und Balaleikaklang. Sie ist aber auch auf das Appassionata der Liebe gestimmt und kann sich nicht genug tun in der kunstvollen Abwandlung des Liebesmotivs „Hab nur dich allein". Zuerst schön-durchbrochene Arbeit im Duett, später in dramatischer Umgestaltung als Zwischenruf des Orchesters:

Wie im Paganini die Violine, so regiert hier die Harfe, wie dort die Tauber-Lieder „Gern hab ich die Frauen geküßt" und das Duett „Niemand liebt dich so" stehen, so findet sich auch im „Zarewitsch" die große Tauber-Kantilene: das „Wolgalied" und die Einlage „Willst Du?". Der Sänger selbst hatte diesen Schlager aus mehreren Vorlagen ausgewählt und die schriftliche Erklärung abgegeben, dieser Text mit dieser Melodie sei der richtige Schlager. Sein Instinkt behielt recht.

Dem „Zarewitsch" folgte am 4. Oktober 1928 im Metropol-Theater, Berlin, unter der Direktion Rotter, Lehárs „Friederike". Mit diesem Werk, das von den Spätwerken bis jetzt den größten Erfolg hatte, ging diese Direktion vom Prosastück zur Operette über. Es ist einer jener Fälle, wo ein neues Stück die Arbeitsrichtung einer Direktion bestimmt, die dann auf diesem ihr neuem Gebiet eine führende Rolle einnimmt.

„Friederike" bildet den neuen Lehár-Typ am stärksten aus. Es ist das problematischste von allen. Es trennte Publikum und Kritik, das Publikum behielt recht.

Das Textbuch entsprang dem Augenblickseinfall der Textdichter Ludwig Herzer und Fritz Löhner: Goethes Sesenheimer Idyll oder Friederike Brions Tragödie zu bearbeiten. Der Gedanke war tragkräftig, aber auch mit Verantwortung beladen. Wird das Publikum vom literarisch-historischen Anstrich abgeschreckt oder trotz des literarisch-historischen Stoffs mitgehen? Die Autoren erleichterten ihr Gewissen zunächst durch die Erwägung, daß es sich bei diesem Goethe um den jungen, tanzfrohen Studenten Goethe handle, dessen Bedeutung nicht einmal Herder ahnte. Da wir sie aber ahnen und im jungen wie im alten Goethe eine exterritoriale Gestalt sehen, so wurde es von vornherein als ein Höhe haltendes Singspiel entworfen.

Die Textdichter wurden also Goetheforscher: sie studierten die vorhandene Friederiken-Literatur, 30 Bände, der Pietät wegen; der dramatischen Spannung wegen aber wagten sie eine dichterische Freiheit, einen Sprung über vier Jahre weg. Wer rechnet es im Theater auch nach, ob Goethe sich von Friederike 1771 oder 1775 trennte?

Am stärksten wurde der dritte Akt. Goethe kommt als Geheimrat mit dem Herzog Karl August an die Stätte seines Romans zurück. Ein zweiter Abschied. Aber gerade dieser zweite Abschied wirkt stärker als der erste, weil er nicht literarhistorisch betont, weil er rein menschlich ist. Wenn man Friederikens Stimme vor Goethes Ankunft hinter der Szene hört: „Nein, es ist nicht wahr . . . . .", so beginnt im Theater das Identifizierungsgefühl zu schluchzen. Jeder Mensch hat in seinem Leben einmal einen qualvollen Abschied mitgemacht, jeder Mann wird hier Goethe, jede Frau Friederike. Es gibt keine Literatur, gibt keine Schranke mehr. Das blasierteste Publikum hält nicht länger an sich, die Träne quillt, die Logik schmilzt. Jedes Sakrileg ist auf dem Theater geheiligt, wenn es wirkt . . . .

Die Psychoanalyse hat mit großem Scharfsinn die Urgründe der Friederiken-Tragödie aufgedeckt (Theodor Reik: „Warum verließ Goethe Friederike?"). Goethe, vom Fluch der Tanzmeistertochter belastet, will Friederike schonen. Er verkleidet sich, will nicht Goethe sein, sondern als kleiner Theolog dem Fluch entkommen. Aber die Magie der Liebe ist stärker, er küßt sie und verläßt sie aus Berührungsangst. Diese allerletzten Gründe lesen sich ausgezeichnet — Goethe würde selbst darüber erstaunt sein, was damals in ihm alles vorging —, aber handfeste Textdichter brauchen handfeste Konflikte, nicht seelische Diagnosen, daher die verfrühte Berufung nach Weimar. Den Textdichtern wurde verübelt, daß sie den genialischen Sturm- und Drang-

Photo: Ernst Schneider Berlin
RICHARD TAUBER ALS »GOETHE« IN »FRIEDERIKE«
(Aus dem Richard Tauber-Buch, Verlag Otto Elsner, Berlin)

Dichter, der im Wahnsinn endete, einem Komiker auslieferten, — aber Lehár komponierte auch diese poetische Lizenz, weil er Lenz nicht als „Konzession", sondern als den im Schatten stehenden Gegenspieler des besonnten Goethe empfindet. Traf er mit dieser Rolle einen empfindlichen Nerv der Literaten, so traf er mit dem Gesamtwerk einen Nerv des Publikums, und nicht bloß des deutschen.

Auch Lehár war wie die Textdichter verantwortungsvoll gestimmt. Seine Musik sollte das Erlesenste sagen, Pietät im Wollen wie im Können zeigen. Daher erhöhte Anpassung, gewissenhaftester Farbenauftrag, zarteste Einfühlung. Der Grundton ist deutsch, rokoko-deutsch, elsässisch-deutsch; Zeit und Ort, achtzehntes Jahrhundert und Straßburg, klingen mit. Schon in der Einleitung erzählt das Orchester vom Blättergeflüster zu Sesenheim, gibt also einen kunstvollen Stimmungsakkord, nicht das gewohnte Potpourri. Die Musik durfte es sogar wagen, nach Beethoven und Schubert noch einmal Goethesche Texte zu vertonen.

Lehár steht mit durchaus ehrlichem Respekt vor Goethe und Friederike, die unsterblich vereint sind wie Dante und Beatrice, Romeo und Julie. Man fühlt die Höhe. Da steht das Lied „O Mädchen, mein Mädchen, wie lieb ich dich", das im letzten Akt als musikalischer Selbstvorwurf zitiert wird; da steht „Sah ein Knab' ein Röslein stehn"; der Elsässer, der Pfälzer Tanz; und endlich Friederikens Gesang „Warum hast du mich wachgeküßt?" mit seiner ostinaten Figur (Herzklopfen), in seinem vornehmen Sentiment gewiß die Perle unter den Perlen des Ganzen.

Warum hast Du mich wach ge-küsst?!

Der Friederike-Erfolg in Berlin war auch ein Richard-Tauber- und ein Käthe-Dorsch-Erfolg (und Käthe Dorsch, die seinerzeit von Rotters aus der Oper für das Schauspiel als Star gewonnen wurde, wurde jetzt von der Operette an das Schauspiel zurückgewonnen), wurde in Wien ein Lea-Seidl- und Bollmann-Erfolg; er wird überall zu einem Erfolg der Darsteller werden, denn „Friederike" ist ein „tragendes" Stück — einen schlechten Goethe, eine schlechte Friederike kann es kaum geben. Jede deutsche Stadt hat ihren „besten" Goethe, ihre „beste" Friederike — in seiner Totale ist es ein Liederspiel, eine Edeloperette, das äußerste Wagnis, der letzte Vorstoß des Lehár-Genres.

NACH DER PROBE ZUR »GELBEN JACKE«
Von links nach rechts: Victor Léon, Josef König, Louise Kartousch,
Franz Lehár, Betty Fischer, Hubert Marischka

Am 9. Februar 1923 erschien im Theater an der Wien „Die gelbe Jacke", eine China-Operette, Buch von Viktor Léon. Die Arbeit reichte bis ins Jahr 1916 zurück, der Textdichter hatte sorgfältige Studien gemacht, der Erfolg war kurzlebig. Eine Wienerin heiratet einen Mandarin, in China bekommt sie's mit dem Heimweh, sie sehnt sich „nach dem Prater, nach dem Burgtheater" — die Ehe geht in die Brüche. Das Burgtheater als Scheidungsgrund überzeugt nicht recht, das Rassische war irgendwie unausgewogen, die leidenden Liebenden litten am meisten durch possenhafte Unterbrechungen des zweiten Paares. 1929 wurde das Buch umgearbeitet. Die Autoren der „Friederike", Herzer und Löhner, machten aus der „Gelben Jacke" das „Land des Lächelns".

Stärker als das Rassische wurde das Menschliche betont. Man vergißt schließlich, daß Sou-Chong Chinese ist, man sieht nur eine überraschende Erscheinung: das tief verwundete Menschenherz. Im ersten Akt die sich entspinnende Liebe zwischen Lisa und Sou-Chong, im zweiten die starke Szene der Wendung: der Prinz muß sich dem Hausgesetz fügen und vier Mandschufrauen nehmen. Lisa, die legitime Gattin, soll Nebenfrau werden, eine Er-

Photo: Ernst Schneider, Berlin
RICHARD TAUBER ALS »SOU CHONG«
in »LAND DES LÄCHELNS«

niedrigung, die sie als Frau nicht verträgt. Daher ihr Fluchtversuch. Der Prinz selbst verhindert ihn, der Prinz selbst gibt sie schließlich frei, hochherzig wie der Bassa in Mozarts „Entführung". Sou-Chong bleibt allein zurück, verlassen, lächelnd, vom Schmerz gesegnet: der eigentliche Sieger, der Monsieur Butterfly.

Die Figur des alten Tschang wurde tiefer gefaßt als früher: Tschang ist der Träger der starren Tradition, wie Sou-Chong der des modernen Geistes. Durch diese Figuren erscheint als Kulturhintergrund das mit sich selbst kämpfende Land China. Ein feiner Zug des Buches: das Heimweh der Lisa erwacht erst n a c h ihrer Liebes-Enttäuschung, nicht vorher, wie im alten Buch. Ohne Liebe kann sie im fremden Land nicht leben. Das Heimweh ist erotisch unterbaut.

Die Komik wurde zurückgedrängt: das zweite Paar, nun mit der Handlung innig verknüpft, macht nicht die herkömmlichen Scherze, sondern dient dem ersten als Gegensatz-Parallele. Neben dem verlassenen Sou-Chong steht schließlich seine ebenfalls verlassene Schwester Mi: „Laßt uns zu zweit tragen das Leid, tragen in Demut den Schmerz . . immer nur lächeln, doch wie's da drin aussieht, geht niemand was an . . .".

China war schon wiederholt das Land der europäischen Musik. Busoni und Puccini schrieben ihre „Turandot"-Opern, Lecocq seine „Teeblume", Gustav Mahler sein „Lied von der Erde". Für Lehár wurde China ein neues Stoffgebiet, eine Gegend von apartem Kolorit, in der er überdies seinen Lieblingskonflikt wiederfand: den Abschied.

Die Musik Lehárs trägt hier, ohne originale östliche Motive zu benützen, starke exotische Färbung: Tränkung mit aparten Intervallen, Heterophonien, Durchzogenheit mit Oktaven- und Quintenketten, Holzbläsertriller und Einsprengung pagodenhaft zarter und starrer Rhythmen. Die alte Vorliebe für Umgestaltung der Motive spielt mit hinein. Aus dem dargereichten Apfelblütenkranz wird im zweiten Akt das drohende Fluchtverbot. Blühende Melodik atmet das erste Finalduett; der große Tauber-Schlager „Dein ist mein ganzes Herz", Des-Dur, ist schwelgerisches Salonsentiment, Eleganz der Linien, Lehár-Triole. Merkwürdig, um wieviel stärker die wenig veränderte Musik — das 1.-Akt-Finale ist musikalisch fast unberührt geblieben — jetzt durch das stärkere Buch wirkt. Auch im „Land des Lächelns" wird viel geweint. Es ist die phantasievollste und reifste Arbeit Lehárs, eine international geschätzte Kostbarkeit wie ein seltener chinesischer Seidenstoff.

Bis hierher reicht vorläufig Lehárs Lebenswerk. Was noch kommt, ist ungewiß, wahrscheinlich Überraschung. Denn der Künstler ist immer Überrascher. Mit jedem neuen Werk enttäuscht er die Auguren, die aus des Opfers Eingeweiden die Zukunft prophezeiten.

J. v. Eicke-Gläsen
»FRANZ LEHÁR DIRIGIERT«

DER INTIME LEHÁR

Lehár ist es nicht immer so glänzend gegangen wie heute. Für den „Gold-und-Silber-Walzer" mit seinem breiten melodischen Ansatz und der originellen Staccato-Fortführung — geschrieben für die Redoute der Fürstin Metternich — erhielt er vom Verleger bare fünfzig Gulden. Als der Walzer ein paar Jahre später aus Amerika zurückkam, wurde er eins der populärsten Tanzstücke: Gold und Silber für andere.

Heute hat der Löwe eine prächtige Höhle. Vorher hauste Meister Lehár im dritten Stock eines Hauses in der Mariahilferstraße, zog aber aus, weil er durch die Mauern Konzerte mechanischer Klaviere hörte, und erstand von den Einkünften der „Lustigen Witwe" das Haus in der Theobaldgasse 16. Außerdem erwarb er in Ischl eine Villa, die sein ständiger Sommeraufenthalt ist. Beide Häuser sind angefüllt mit Bildern, Teppichen, Bibelots, Kunstgegenständen, und man huldigt dem Mann, der so vieles nur durch sein Talent dem Leben abgewann. Aber im Grunde sind beide Häuser nur erweiterte Werkstätten. Lehár gehört zu den Künstlern, die am glücklichsten in der Arbeit sind.

Er hat ein lebhaftes persönliches Tempo, sein Gehen ist fast ein Laufen, ein bewegtes Allegro, wie es Ehrgeizige haben. Er ruht selten aus: er hat nicht die Ruhe zur Ruhe. Er steht immer zwischen zwei Premièren, und wenn er sich in Ischl vom Partiturenschreiben erholt, so geschieht es wie beim alten Auber meistens durch eine neue Partitur. Nur hie und da erinnert er sich der notwendigen Ökonomie des Schaffens, dann schaltet er eine Entspannungspause ein und nagelt seine Gartenplanken.

Der Einfall steht immer zur Verfügung, meistens des Nachts. Wie es die Operette mit sich bringt, mußte er wiederholt Solo-Einlagen, auf denen prominente Darsteller in der letzten Minute bestanden, über Nacht schreiben, noch während er mit der Instrumentation beschäftigt war, so den Foxtrott „Ich habe La Garçonne gelesen" für Frau Werbezirk, oder das sentimentale Duett für Paganini und Elisa. Es wurden zumeist die Schlager des Werks. Das kann nur, wer mit 60 die Frische des Dreißigers und eine so reiche musikalische Innenausstattung besitzt, wie sie die Natur Lehár verlieh. Er feilt am Einfall, sucht nach der nobelsten Form, vollendet das vollendet Scheinende, aber entscheidend ist doch der Einfall. Er hat mit dessen Hilfe bereits dreißig Operetten geschrieben, und sie werden nicht die letzten sein.

Lehár in Bad Ischl

Er spielt gerne vor, er dirigiert gerne seine Werke, er zeigt eine naive Freude am Beifall, Lustgefühle an der Bestätigung durch andere. Anekdoten haben diesen Zug wiederholt ironisiert, ebenso einen zweiten, den er mit Johann Strauß teilt, die Besorgnis nicht originell genug zu sein.

Die Wahrheit ist, daß in ihm ein großes Kind sitzt, daß er leichtgläubig und harmlos ist wie ein Kind und daher auch so leicht „aufsitzt" wie ein Kind. Von dieser Seite seines Wesens werden in der Branche viele Episoden erzählt. Vor der Première der „Wiener Frauen" machte sich ein junger Journalist, Leopold Jacobson, mit ihm einen Spaß dieser Art. Damals war in einer Praterbude als Sensation der erste Phonograph Edisons ausgestellt. Jacobson benützte dies und veranlaßte seinen Kollegen Tann-Bergler, den Librettisten Lehárs, den Hauptschlager der kommenden Operette, den Nechledil-Marsch, mit einem ad hoc gedichteten Text in den Phonographen hineinzusingen. Der Budenbesitzer wurde instruiert, und am nächsten Tag erschien die Gesellschaft abermals, diesmal in Begleitung Lehárs. Man schlendert wie zufällig vorbei, der Wachszylinder gibt verschiedene Stücke von sich, man geht dem Ausgang zu, da bleibt Lehár plötzlich wie angewurzelt stehen und erblaßt. „Was ist das — — —?" „Ach, irgend ein alter Marsch . . .", antwortet jemand, „gehen wir weiter!" — „Aber nein, das ist ja mein Schlager, entsetzlich, das ist ja — — —" — „O nein", versicherte der Budenbesitzer mit treuherzigen Augen, „das ist ein uralter, in Ungarn seit Jahren bekannter Marsch!" Lehár ist fassungslos. Eine alte Melodie? Er kauft dem Budenmann den Wachszylinder ab, die andern bersten draußen vor Lachen. Als er endlich errät, daß es ein Aufsitzer war, kommt er wieder zu sich, wettet, das werde kein zweitesmal vorkommen!

Es kam aber kurz darauf zum zweitenmal vor, und noch ärger. Nach der Première der „Wiener Frauen" beschloß er, in Gesellschaft seiner Freunde die Morgenblätter in einem Kaffeehaus abzuwarten. Um vier Uhr früh meinte Jacobson, es werde spät, man könne an das Zeitungsbüro Goldschmidt telephonieren, er sei mit dessen Direktor befreundet, der werde sicher gern aus den Kritiken einiges vorlesen. Natürlich! Einverstanden! Man geht in die Telephonzelle, ruft eine Nummer an, Lehár horcht mit, der Direktor bei Goldschmidt meldet sich und erklärt sich bereit. „Also . . . die »Neue Freie Presse« schreibt: »Schon lange haben wir keine so langweilige und öde Musik gehört wie gestern abend. Am besten, der Komponist gibt das Komponieren auf . . .«" Lehár erbleicht. „Das »Neue Wiener Tagblatt« schreibt: »Schade, daß das ausgezeichnete Buch eine so miserable Vertonung gefunden hat . . .«" Lehárs Gesicht spielt ins Grüne. „Das »Neue Wiener Journal« schreibt: »Es steht nicht dafür, die aus allen möglichen fremden Melodien zusammengestoppelte Musik ausführlich zu würdigen.«" Lehárs Grün ist inzwischen aschfahl geworden. „Das »Deutsche Volksblatt« — soll ichs vorlesen? — ist sehr antisemitisch: »Ein neuer Zugereister, dessen Name übrigens gar nicht Lehár, sondern Levy ist — — —«" „Das ist nicht wahr!" protestiert Lehár in den Hörer hinein. Die anderen können das Lachen nicht länger verbeißen. Es war wieder einmal ein Aufsitzer. Jacobson hatte nicht das Büro Goldschmidt, sondern einen genau informierten Bekannten in einem benachbarten Kaffeehaus angerufen — und Lehár, der von den Morgenblättern zu einer neuen Größe ernannt wurde, mußte die verlorene Wette mit Sekt bezahlen . . .

Heute kann ihm Ähnliches nur noch schwer passieren, er sammelt zwar alle Zeitungsnotizen sehr sorgfältig, aber es ist ungewiß, ob er sie auch alle liest.

*

Lehár ist der angerufenste Mann in Wien, eine Unterredung mit ihm die unterbrochenste Angelegenheit. Als ob sie's darauf abgesehen hätten: sämtliche Freunde rufen an. Ein Spaziergang mit Lehár gehört zu den strapaziösesten Dingen: die ganze Stadt kennt ihn. Ein Lehár-Tableau mit allen seinen Freunden könnte die Zahl der Köpfe nicht fassen — wir greifen ein paar heraus: Sari Fedak, Betty Fischer, Lotte Lehmann, Marie Jeritza, Louise Kartousch, Fritzi Massary, Trude Kollin, Hella Kürthy, Frl. Ottmann, Lea Seidl, Margit Suchy, Petras Sari, Vera Schwarz, Serge Abranovics, Hans Heinz Bollmann, Poldi Deutsch, Kammersänger Jöken, Leo Slezak, Gustav Matzner, Richard Waldemar, Ernst Tautenhayn, Franz Völker und viele andere. Es sind künstlerische Verbundenheiten, die menschliche Bindungen wurden. Dazu kommen als getreue Helfershelfer die Direktoren Alfred und Fritz Rotter, die großen Manager seiner Welterfolge, und Direktor Fritz Friedmann-Frederich. Der wichtigste fehlt noch, und das ist — ein Blinder sieht es — der Tauber.

Richard Tauber, mit seinem strahlend lächelnden Einglas, ist heute eine europäische Figur. Es gibt schon eine Biographie von ihm (Otto Elsner, Berlin 1928), daraus kann man die Daten erfahren: geboren 1892 in Linz a. d. Donau als Sohn des Chemnitzer Generalintendanten Richard Tauber.

Besuchte die Musikhochschule in Frankfurt, komponierte eine Oper „Die Sühne" nach Theodor Körner. Wurde 1911 Sänger in Wiesbaden, studierte Gesang bei Beines in Freiburg und wurde Opernsänger in Dresden. Ist ein tüchtiger Dirigent. Aber ist dies auch Richard Tauber?

Es gibt noch einen treuen Freund Tauber und es gibt einen passionierten Lehár-Sänger Tauber. Neben dem Evangelimann, Fra Diavolo, Don Ottavio und Don José freut ihn besonders der Paganini, Zarewitsch, Goethe und Sou-Chong. Hier findet er Gesangslinie, Kantilene, jede Möglichkeit zu Belcanto. Was Lehár heute komponiert, verlangt nach Tauber; was Tauber verlangt, ist Lehár. Und da Lehár alles in Melodien erlebt, so setzt sich Tauber-Freundschaft in Lehár-Schlager um.

LEHÁR UND TAUBER IN BAD ISCHL
(Aus dem Richard Tauber-Buch, Verlag Otto Elsner, Berlin)

LEHÁRS VILLA IN BAD ISCHL

Seine Persönlichkeit ist unzertrennlich von Lehárs neuem Genre. Er bringt dazu die Stimme, aber auch die Träne in der Stimme mit. Er ist ein Alleskönner und ein Glücksfall für den Komponisten. „Wo bist du ganz?" Wenn du Mozart singst? Wenn du Lehár singst? Wenn du Lehár dirigierst? Du Tenormusiker! Du Musikertenor! Was du angreifst, erfüllst du mit deiner Natur!" So schwärmt Leo Blech von Tauber, dem sein erster Gesangsmeister mangels einer Stimme eine andere Laufbahn riet . . . .

Und Lehár fügt hinzu: „In hundert Vorstellungen, die Tauber singt, ist er immer ein anderer. Er erlebt seine Partie immer neu. Er ist nie ein Mechanismus, vielmehr einer der Seltenen, den das Serienspiel nicht abstumpft. den es, merkwürdig genug, vertieft und verinnerlicht. Wenn er in der „Zigeunerliebe" als Joszi im 1. Finale „Glück als Gast hat nie Rast" mit einem bezaubernden Mezza voce, wenn er das „Blaue Himmelbett" mit immer neuen, reizvollen Nuancen singt, überrascht es mich selbst immer. Überhaupt — wir sind Brüder ohne den Luxus der Blutsverwandtschaft . . . ."

Lehár spielt Direktor Rotter vor

Das sind Lehárs Freunde. Nur einer ruft ihn nicht mehr an, der bedeutendste von ihnen: Giacomo Puccini. Nun schweigt der Meister der modernen Oper still, der mit dem Begründer der neuen Operette so starke Berührungspunkte hatte. Puccini, auf dessen Schreibtisch in Viareggio drei Bilder stehen (Schalk, Jeritza und Lehár) ließ sich seine Lieblingswalzer von Lehár selbst vorspielen, liebte besonders den aus der „Lerche" und spielte seine Musik wiederum Lehár vor. Von ihm hörte Lehár zuerst Bruchstücke aus seiner „Turandot".

„Es war ein feierlicher Augenblick", erzählt Geza Herczeg, „mit seinen langen feinen Fingern griff Puccini irgendeinen Akkord, wie wenn er das Klavier prüfen wollte. Bloß mit einer Hand, als wolle er nur Spaß treiben. Dann legte er seine Zigarette weg, verdeckte mit der rechten Hand die Augen, als ob er erst überlegen müßte, was er spielen solle. Dann wurde er sehr ernst, vertiefte sich in seine Gedanken, und schließlich spielte er, gewissermaßen nur für sich, ganz unpersönlich einen Teil seiner neuen Oper ... das Klavier sprach wie ein Orchester ... es war die erste geschlossene Probe der Oper ... Wir schlossen ihn in diesem Augenblick alle in unsere Herzen ..."

Diese „Generalprobe" Turandots fand in Lehárs Heim statt. Wie nahe Puccini seinem Freunde Lehár stand, geht aus einem Brief hervor, den er, aus Wien, von seiner „Rondine" zurückgekehrt, an ihn aus Torre del Lago (Toscana) am 11. Februar 1920 schrieb:

„Lieber Freund! Zurückgekehrt in mein kleines ruhiges Nest, seien Sie einer meiner ersten Gedanken. Noch stehe ich ganz unter dem Eindruck des bezaubernden Wien, jener Stadt, wo die Musik in der Seele jedes Menschen vibriert und auch leblose Dinge rhythmisches Leben zu haben scheinen. Lieber Meister! Ich kann Ihnen nicht sagen, wie glücklich ich war, Sie aus nächster Nähe kennenlernen zu dürfen und Ihre menschliche Güte sowie die Melodien Ihrer weltbekannten Musik bewundern zu dürfen. Ich danke Ihnen von ganzem Herzen für alles Gute, das Sie mir erwiesen haben, sowohl in meinem Namen wie in dem meiner Frau. Empfangen Sie den freundschaftlichsten Händedruck Ihres Freundes   Puccini."

*

Lehár am Klavier ist eine Angelegenheit für sich.

Wenn man seinen Kopf betrachtet, denkt man zunächst an einen freundlichen Generalmajor aus der alten österreichischen Armee, die sehr produktiv an Talenten war. Ein echter Militärkopf, über den ein scharmantes Weltmannlächeln geht, oder was man dafür hält. Noble Slawen lachen so und bestricken damit. Vielleicht ist es der Nachklang jenes Berufslächelns aus der Militärkapellmeisterzeit, vielleicht das um Nachsicht bittende Lächeln des Erfolgreichen. Oder ein Lächeln zu Frauen? Jedenfalls ist es eine sphinxartige Angelegenheit, sehr nahe bei Sou-Chong: „Immer nur lächeln — — — doch, was da drin vorgeht, geht niemand was an ..."

FRAU SOPHIE LEHÁR
die Gattin des Meisters

Er erzählt Anekdoten über Anekdoten aus seiner Militärzeit. Auch eine vom Kaiser Franz Joseph, die für den alten Soldaten bezeichnend ist. Nach der Budapester Première von „Kukuschka" gab es das übliche Bankett, das wie gewöhnlich sehr spät endigte. Am Morgen konnte Lehár nicht aufstehen und schwänzte die Ausrückung. Einige Tage vergehen, niemand bemängelt seine Abwesenheit, da läßt ihn der Oberst rufen: „Herr Kapellmeister, sind Sie neulich nicht ausgerückt?" Lehár versucht sich zu rechtfertigen, aber der Oberst unterbricht ihn: „Sie brauchen sich gar nicht zu entschuldigen, es kann Ihnen nur leid tun, daß Sie nicht da waren. Denn Seine Majestät erkundigte sich nach Ihnen: er wollte Ihnen zu Ihrer Oper gratulieren . . .!" Viele Jahre später erzählte ihm ein hoher Marineoffizier, er war vom alten Kaiser in ein

Franz Lehár und Gattin in ihrem Heim in Bad Ischl

Gespräch gezogen worden und habe ihm alles mögliche Schöne über ihn, Lehár, mitgeteilt. „Ach ja," sagte der Kaiser, „Lehár, das ist der, der damals in Pest nicht ausgerückt ist . . .!"

*

Lehárs Kopf hat sich im Lauf der Jahre verändert, man sieht an verschiedenen Photos Entwicklung, Umstellung, geistige Schärfung. Wenn er dann am Klavier sitzt, hat man den Anblick eines neuen Lehár. Das ist kein General mehr. Das ist ein Kavallerist der Musik, der das Klavier zu Tode reitet, ein Gewalttäter und Drescher. Hört man von ihm den Feuerwalzer aus der „Lerche", dann ahnt man eine brennende Herzensangelegenheit. „Beim Zeus, das ist kein Zeitvertreib!" Das ist Glaube an die Sache, Glaube an die Sendung, an das Ich, an jede komponierte Note, und ohne diesen Glauben geht's in keiner Kunstgattung. Den dämonischen Augenblick muß es auch in der Operette geben.

Lehár verplaudert gern eine Stunde mit einem interessanten Freund, lieber noch mit einer interessanten Frau. Aber er verliert sich nicht. Er muß vieles mitmachen, das Generaldirektoren-Souper, den Fünf-Uhr-Tee, den großen Rout, aber ganz wohl soll er sich dort nie gefühlt haben. Er ist Schlaraffe mit Leib und Seele, versäumt keine Sitzung der Rotaryer, er hat die Welt in vielen Winkeln gesehen. Aber am liebsten sieht er sie zu Hause von seinem Schreibtisch aus. Als 1928 sein Komponisten-Jubiläum gefeiert wurde, sagte ein Festredner: „Lehár wird erst in hundert Jahren so recht berühmt sein, bis er uns entrückt und nicht mehr in den Kaffeehäusern zu sehen ist." Der Bürgermeister von Ischl protestierte dagegen. „Ich hab' ihn in Ischl überhaupt noch nicht g'seh'n, er ist immer bei der Arbeit, wann sollte er zu Zauner geh'n?"

*

In Lehárs Persönlichkeit ist eine Sehnsucht gebunden, die immer nach neuen Lösungen sucht. Daher die Vielzahl seiner Werke. Diese Lehár-Sehnsucht geht in die kosige Mollmelodie ein, die, auch nach Dur gewendet, mollhaft klingt. Seine Hauptmelodien entspringen einer erotischen Triebkraft, und die zwei Menschen in „Endlich allein", die sich auf dem Schneegipfel einer Alpenlandschaft lieben, stellen einen Phantasiewunsch, Produkte des Unbewußten dar.

Seine Musikentladungen sind Liebesbekenntnisse an unbekannte Frauen, womit nicht im Widerspruch steht, daß Lehár eine Dame ehelichte und seinem Leben eine originelle Szene mehr gab.

Was davon mitteilenswert ist, läßt sich in den Satz fassen: er heiratete aus Freiheitsdrang ... Seine Gattin ist eine der seltenen Frauen, deren Liebe klug genug ist, sich nie zu betonen, die sich vielmehr so beherrschen kann, daß sie nie da zu sein scheint, ihn umsorgt, ohne seine Freiheit zu beherrschen. Künstler sind ja meist naive Egoisten. Und eine Frau muß einen Künstler so erleben, daß er sich zwar stets erlebt, aber nie bedroht oder gefesselt fühlt, ja sozusagen ein lediger Ehemann bleibt.

*

Selten ist ein Mensch den Menschen so recht, wie ihn Gott gemacht hat. Auch der, der sie schon das dritte Jahrzehnt unterhält, sollte eigentlich anders sein. So hat Lehár genug Ratgeber, die wissen, wie er es eigentlich machen sollte. Er soll nicht, sagen sie, mit der Oper kokettieren, soll schön bei der Operette bleiben, aber die Operette, sagen sie gleichzeitig, stirbt. Was soll Lehár also tun?

Er hat wiederholt sein Glaubensbekenntnis abgelegt und über den ihm wohlbekannten, leider unverbesserlichen Franz Lehár gesprochen. „Die Operette stirbt nicht," sagt er, „es sterben nur die, die mit ihr nichts anzufangen wissen, die Klischeeschreiber und Nachbeter. Jeder wahre Künstler ist ein Tunnelsprenger, durch den dunklen Berg zum Licht auf der andern Seite. Neue Stoffe, neue Menschen, neue Formen! Ich bin Gegenwartsmensch, und die ganze Gegenwart ist nichts als eine große Probierwerkstätte für die nächste Generation. Sie hat das Drama, den Roman, das Lustspiel umgestaltet, warum nicht auch die Operette?

Ein Künstler kann kein Mandarin der Tradition sein wie Herr Tschang im „Land des Lächelns". Ein Künstler muß ein Führer auf unbekannte Gipfel sein. Er steigt voraus, die andern kommen langsam nach, je nach Temperament und geistiger Gesundheit.

Es gibt keine letzte Welle der Kunst, so wie es keine letzte Welle in der Traun gibt, die an meiner Villa vorbeifließt. Eine einzige Instanz gibt es nur, vor der ich mich beuge, das ist mein Gewissen. Im übrigen lasse ich mir raten, lasse mich tadeln und loben, und tue, was ich muß. Vor allem aber muß der Künstler, wie Balzac einmal sagt, die Steine sammeln, die man nach ihm warf, denn sie bilden den Sockel seines Ruhms ..."

Wiener Karrikatur von Rudolf Herrmann (um 1912)

DIE KOMPOSITIONEN

VON

FRANZ LEHÁR

BÜHNENWERKE

OPERN

RODRIGO
(Einakter, Rudolf Mlčoch)
Uraufgeführt 1893

TATJANA (KUKUSCHKA)
(Felix Falzari, Max Kalbeck)
Verlag und Vertrieb Karczag
Uraufführung Leipzig am 28. XI. 1896
(Direktor Staegemann)

daraus:

Vorspiel zum I. Akt
„   „   II. „
„   „   III. „
Verzaubert sind die Blumen, Lied
Russische Bauerntänze
Großes Potpourri
Russische Romanze

OPERETTEN

WIENER FRAUEN
(Ottokar Tann-Bergler und Emil Norini)
Verlag und Vertrieb Karczag
Uraufführung Wien, Theater an der Wien,
am 25. XI. 1902
(Direktoren Karczag und Wallner)

Eine Umarbeitung dieser Operette unter „Der Schlüssel zum Paradies"
(Emil Norini und Julius Horst)

daraus:

Ouvertüre
Frauenschönheit, Walzerlied
Der treulose Ritter: „Durch die Nacht mit Siegermiene", Lied
Beim ersten, zweiten, dritten: „Ein sehr alter Jubelgreis", Couplet
Zwei müssen sein, Tenorlied
O ich denk' zurück so gerne, Böhmisches Lied

Wiener Frauen: „Hat mancher auch wohl auf der Jagd", Walzerlied
Paradies-Walzer
Nechledil-Marsch
Potpourri

DER RASTELBINDER
(Victor Léon)
Verlag und Vertrieb Weinberger
Uraufführung Wien, Carl-Theater, am 20. XII. 1902
(Direktoren Leopold Müller und Aman)

daraus:

Die beiden Kameraden: „Ein Infant'rist von Numm'ro vier", Marschlied
Wenn zwei sich lieben, Tanzwalzer
Quadrille des Pfefferkorn und Suza: „Hauptsach' ist beim Ball", Duett
Wienerlied: „Hast es net g'sehn"
Das is a einfache Rechnung: „Paß auf mein Sohn", Lied
Ich bin ein Wiener Kind: „Mei Schatz, mei Braut", Lied
Entreelied des Pfefferkorn: „A jeder Mensch, was handeln tut"
Slawische Romance
Rastelbinder-Cake-Walk
Wiener Mädel, Marsch
Rastelbinder-Walzer
Rastelbinder-Potpourri

DER GÖTTERGATTE
(Victor Léon und Leo Stein)
Verlag und Vertrieb Ludwig Doblinger (Herzmansky)
Uraufführung Wien, Carl-Theater, am 20. I. 1904
(Direktoren Müller und Aman)

daraus:

Ouvertüre
Cupido-Walzer
Cupido-Lied: „Man hält mich für den größten aller Götter"
Gavotte der Juno
Was ich längst erträumte, Lied des Amphitryon
Süßeste Charis, Entreelied und Serenade des Sosias

Muß denn alles auf der Welt, Lied der Alkmene
Sieh' mich doch nur an, du Bösewicht
Du hast mich betrogen, Zankpolka
Jupiter-Marsch
Die kleine Garde (Aufzug der Kinder)
Göttergatten-Quadrille
Pantomimisches Duett
Göttergatte-Potpourri

DIE JUXHEIRAT
(Julius Bauer)
Verlag und Vertrieb Weinberger
Uraufführung Wien, Theater an der Wien,
am 22. XII. 1904
(Direktoren Karczag und Wallner)

daraus:

Chauffeur-Entrée: „Ein Rennen wurde arrangiert", Marschlied
Ach das tut wohl: „Ging ein Knab im Mondenschein", Couplet
Kußlektion: „Ein Kuß auf diese kleine Hand", Lied
Los vom Mann: „Ein Mann erzählt dort eine Anekdote", Lied
Herr, du bist bewegt: „So wär' es wahr", Walzerlied
Er und Sie: „Es gibt heute Frau'n", Walzerlied
Chauffeur-Marsch

DIE LUSTIGE WITWE
(Victor Léon und Leo Stein)
Verlag Doblinger (Herzmansky)
Vertrieb Felix Bloch Erben
Uraufführung Wien, Theater an der Wien, am 28. XII. 1905
(Direktoren Karczag und Wallner)

(Umgearbeitet von Schanzer und Welisch als Revueoperette, inszeniert am
Charell-Metropoltheater, Berlin am 24. XII. 1928)

daraus:

Ich bin eine anständige Frau, Lied
Da geh' ich zu Maxim, Lied
Das Lied vom dummen Reiter: „Heia, Mädel aufgeschaut"
Vilja-Lied (Lied vom Waldmägdelein)
Ach die Weiber, Marschlied
Komm in den kleinen Pavillon, Lied
Grisetten-Lied: „Auf dem Boulevard am Abend"

Zauber der Häuslichkeit: „Ach ja ein trautes Zimmerlein", Lied
Es waren zwei Königskinder, Lied
Walzer-Intermezzo: „Lippen schweigen", Tanzszene
Wie die Blumen im Lenze erblühn: „O kommet doch", Walzerlied
Ganz nach Pariser Art: „'ne flotte Ehe geh' ich ein", Chanson
Weiber-Marsch
Ballsirenen-Walzer
Lolo-Quadrille
Potpourri
Man sagt uns schönen Frauen nach, Foxtrott (Einlage. Text von A. Willner. Verlag: Fischer & Singer, Wien)
Morgen vielleicht? Walzerlied (Einlage. Text von A. Willner. Verlag: Fischer & Singer, Wien)
Wenn eine schöne Frau befiehlt, Lied (Einlage. Text von K. Robitschek. Drei Masken Verlag, Berlin)
Ich hol' dir vom Himmel das Blau, Slowfox (Einlage. Text von Schanzer & Welisch, Wiener Bohème-Verlag)
Halt still! Tanzduett (Schanzer-Welisch) Drei Masken Verlag, Berlin

PETER UND PAUL REISEN INS SCHLARAFFENLAND

(Kinderoperette von Grünbaum und Bodanzky)

Verlag und Vertrieb Karczag

Uraufführung Wien, Theater an der Wien, am 1. XII. 1906

(Direktoren Karczag und Wallner)

daraus: 7 Kinderlieder

1. Der faule Schlendrian
2. Klopf, klopf, klopf
3. Wiegenlied
4. Soldatenspiel
5. Blinde Kuh
6. Das Schaukelpferd
7. Christkindlein

Trommler-Marsch (Defiliermarsch)
Schaukelpolka
Mohnblumen-Walzer
Ballet Divertissement
Walzer-Intermezzo (Honignymphen-Walzer)

MITISLAW DER MODERNE
(Einakter von Grünbaum und Bodanzky)
Verlag und Vertrieb Karczag
Uraufführung Wien, „Hölle", am 5. I. 1907
(Direktor Natzler)

daraus:

„Vive le Jupon!" Entree der Amaranthe: „Mon cher Papa ist mächtig"
Sich're Wirkung garantiert, Duett
Das Lied vom Schlüsselloch: „Wenn ein Paar in süßem Bangen"
Schwärmerei-Walzer

DER MANN MIT DEN DREI FRAUEN
(Julius Bauer)
Verlag Doblinger (Herzmansky), Vertrieb Karczag
Uraufführung Wien, Theater an der Wien, am 21. XI. 1908
(Direktoren Karczag und Wallner)

daraus:

Das haben die Weiber so gern: „Ach der Mann kommt leicht zu Fall",
    Walzerlied
„Strohwitwe sein!", Lied
Bienchen summt nicht mehr: „O liebe deine Häuslichkeit", Lied
Chinesische G'stanz'ln: „Konfuzius der Weise"
Das Lied von der roten Mühle: „Rote Mühle, rote Mühle"
Die armen Kadetten: „Eins, zwei, drei immer exerzier'n", Lied
Rosen ohne Zahl: „Es war ein Kapitän der Chasseurs d'Afrique",
    Walzerlied
Liebchen komm! „Wahrlich wie ein Troubadour", Walzerlied (Entreeakt)
Ich bin eine Frau von Temprament, Lied
Signal-Lied (Klinge, klinge kleines Instrument)
Bitte, bitte schön: „Ich denke mir, mir scheint", Lied
Drum brauch' dein rotes Mündchen: „Es wird in Liebesdingen", Walzerlied
Drei Minuten! „Hallo wer dort ?", Telephonlied
So wird halt jede Nation selig nach ihrer Façon, Couplet
Kenne gar viele Damen, Tanzlied
Höher, noch höher! Tanzduett (2. Akt)
Rote Rosen, Walzer
Signal-Marsch
Potpourri

DAS FÜRSTENKIND
(Victor Léon)
Verlag Doblinger (Herzmansky)
Vertrieb Felix Bloch Erben
Uraufführung Wien, Johann-Strauß-Theater, am 7. X. 1909
(Direktor Erich Müller)

daraus:
- Mutter ging schlafen, Lied
- Pallikarenlied: „Lange Jahre, bange Jahre"
- O Gott ich bin verliebt: „Ich bin doch ein Amerikaner", Lied
- Schwarze, schwarze Rose: „Es ist eine seltsame Blume", Lied
- Hadschi Stavros, du edler Held: „Wie Sturmwind jagt der Klephte", Lied
- Üb' immer Treu' und Redlichkeit: „Das letzte Geschäftsjahr", Lied
- Kindchen, sei hübsch brav: „Ich bin doch wirklich ein schlimmes Kind", Walzerlied
- Ich diene so gern den Damen: „Das mit dem griechischen Heldentum", Walzerlied
- Wüßtest du, Mädchen, wie wohl das tut, Walzerlied
- Räuber-Marsch: „Leute da, Beute da"
- In weiter Welt sind wir einsam allein, Lied
- Sirenenlied: „Auf einsamer Insel im einsamen Meer"
- Jung und alt, Lied
- Frühling und Herbst: „Einst traf der Herbst den Frühling", Lied
- Lieber reich sein, doch nur gesund: „Bei dieser Heilgymnastik", Marschlied
- Walzer, wer hat dich erdacht? Konversationswalzer (Walzergedanken)
- Fürstenkind-Walzer
- Ostersonntag-Tanz
- Resignation, Entr'acte
- Wie umkost mich so mild dein Hauch, Tanzduett
- Großes Potpourri
- Schweig, zagendes Herz, Resignation

DER GRAF VON LUXEMBURG
(Dr. Willner und Bodanzky)
Verlag und Vertrieb Karczag
Uraufführung Wien, Theater an der Wien, am 12. XI. 1909
(Direktoren Karczag und Wallner)

daraus:
    Nur legitim! „Der Weg zu meinem Herzen", Lied
    Ich bring' dir Bübchen: „Pierre, der schreibt an klein Fleurette", Chanson
    Lied des Grafen von Luxemburg: „Mein Ahnherr war der Luxemburg"
    „Ich bin verliebt", Lied
    „Unbekannt, deshalb nicht minder interessant", Lied
    Sie geht links, er geht rechts: „Frau Gräfin, Sie erlauben wohl", Duett
    Bist du's lachendes Glück: „Sah einst die kleine Hand", Lied
    Soll ich? soll ich nicht? „Versuchung lockt mit holder Macht"
    „Man greift nicht nach den Sternen", Lied
    Wir bummeln durch's Leben: „Stübchen so klein"
    Trèfle incarnat: „Fünfdreiviertel! Das spricht Bände", Lied
    Polkatänzer: „Ein Löwe war ich im Salon", Lied
    „Kam ein Falter leicht geflattert", Lied
    Alles ging durch's große Sieb: „Bedenken Sie, mein Herr", Lied
    Mädel klein, Mädel fein: „Schau'n Sie freundlich mich an", Lied
    Liebe, ach du Sonnenschein: „Packt die Liebe einen Alten", Marschlied
    „Was ich im Traum nur ersah", Lied
    Luxemburg-Marsch
    Luxemburg-Quadrille
    Luxemburg-Walzer
    Großes Potpourri
    Walzer-Rondo
    Walzer-Intermezzo

ZIGEUNERLIEBE
(Dr. Willner und Bodanzky)
Verlag und Vertrieb Karczag
Uraufführung Wien, Carl-Theater, am 8. I. 1910
(Direktor Eibenschütz)

daraus:
    Ouvertüre
    „Es liegt in blauen Fernen", Duett
    Glück hat als Gast nie lange Rast: „Schlag Münzen aus der Sonne Gold", Duett
    Heckenröslein: „Trägst den Zweig in deinen Händen", Lied
    Ich bin ein Zigeuner, Lied
    „Liebes Männchen, folge mir", Duett
    „Liebster laß dich küssen." — „Macht nichts!" „... Hol's der Teufel", Lied und Csardas
    „Nur die Liebe macht uns jung", Duett

„War einst ein Mädel", Lied
„Will die Männer ich berücken", Csardas
Zigeuner-Marsch: „Endlich Józsi bist du hier"
Zorika, kehre zurück: „Laß dich bezaubern", Lied
Ungarischer Marsch
Zigeunerliebe-Walzer
Großes Potpourri

ROSENSTOCK UND EDELWEISS
(Singspiel von Julius Bauer)
Verlag und Vertrieb Weinberger
Uraufführung Wien, „Hölle", 1910
(Direktor Natzler)

daraus:

A Jud: „Wer kommt heut' in jedem Theaterstück vor?" Couplet
Edelweiß-Walzer

EVA
(Dr. Willner und Bodanzky)
Verlag Doblinger (Herzmansky), Vertrieb Karczag
Uraufführung Wien, Theater an der Wien, am 24. XI. 1911
(Direktor Karczag)

daraus:

Vorspiel
Das Fabrikskind, Lied
„So war meine Mutter — so möchte ich sein", Walzerlied
Glück und Glas, Chanson
Pipsi, holde Pipsi, Lied
Die Geister von Montmartre, Marschlied als Duett
„Fräulein Frau", Lied
Pariser Mädel, wer dich kennt, Marschlied
Geschieden muß sein, Walzerlied
Das Lied der jungen Liebe, Duett
Stammutter Eva, reizende Frau, Lied
„Ziehe hin zu deinem Vater", Komisches Duett (Dagobert, Pipsi)
„Wär' es auch nichts als ein Traum vom Glück", Walzerlied
„Wenn die Pariserin spazieren fährt", Lied
„Herrgott, laß mich doch meinen Leichtsinn" (Leichtsinn komm' reich mir deine Hand), Walzerlied

„Frauen, o habt Vertrauen", Lied
Montmartre-Marsch
Pariser Pflaster, Marsch
Walzerszene
Eva-Walzer
Zwanzinette
Großes Potpourri

DIE SPIELUHR
(Musikalische Komödie mit Schattenbildern von Theo Zasche)
Verlag und Vertrieb Karczag
Uraufführung Wien, „Hölle", 1912

DIE IDEALE GATTIN
(Brammer und Grünwald)
Verlag Doblinger (Herzmansky), Vertrieb Karczag
Uraufführung Wien, Theater an der Wien, am 19. X. 1913
(Direktor Karczag)
(Mit Benutzung einiger Motive aus „Göttergatte")

daraus:
Ouvertüre
Die Frau Gemahlin ist auf kurze Zeit verreist, Marschlied
Hampelmann-Duett: „Als ich sie zum erstenmal gesehen"
Küsse mich: „Des Abends werden wach", Spanische Barcarole
„Mündlich bin ich schüchtern sehr", Entreelied des Don Gil
Nur in Spanien, Walzerlied
So hab' ich's gelernt im Pensionat, Lied
Stolze Schöne: „War einst im schönen Polenland", Romanze
Tausend rote Rosen, Walzerlied
„Wenn meine Gattin so küssen könnt'", Walzerlied
Kommt den Frauen zart entgegen, Gavotte
Süße Lieblingsmelodie, Marsch
Tango
Wenn meine Gattin so küssen könnt', Walzer
Potpourri

ENDLICH ALLEIN
(Dr. Willner und Bodanzky)
Verlag und Vertrieb Karczag
Uraufführung Wien, Theater an der Wien, am 10. II. 1914
(Direktor Karczag)

daraus:

Willst du's versteh'n?: „Wann und wo man Walzer tanzt", Walzerlied
Komm', geh'n wir durch! Tanzlied
Schön ist die Welt: „Wenn ich die leuchtenden Gletscher seh", Lied
Edelweiß-Lied: „In luftiger Höh"
So lang's zwei Herzen gibt, wird doch geliebt, Lied
Sittenote „Eins", Chanson
Süße, kleine Tilly, Lied
Sport-Marsch
Schön ist die Welt, Walzer
Großes Potpourri

DER STERNGUCKER
(Dr. Fritz Löhner-Beda)
(Verlag und Vertrieb Karczag)
Uraufführung Wien, Theater in der Josefstadt, am 14. I. 1916
(Direktor Jarno)
später im Theater a. d. Wien aufgeführt (Dr. Fr. Löhner-Beda u. Dr. Willner)

daraus:

Libellentanz: „Senkt sich mild der Abend nieder", Tanzlied
Grüß' dich Gott, bleib gesund, Tanzlied
So müßt' meine Liebste sein, Walzerlied (Duett)
Liebster komme, Lied
Lieber guter Teddybär, Tanzlied
Mein Herz ist wie der junge Mai, Walzer-Intermezzo
Sterngucker, nimm dich in acht!
Bitte sich nur zu bedienen, Marschlied
Wie auf Rosen die Falter kosen, Walzerlied
Josefin' Josefin', Serenade
Mein Fräulein ich kann es nicht sagen (Mein Herz ist wie der junge Mai),
    Liebeslied
Du, du, du . . . . ., Walzerlied
Und der Herrgott lacht, Lied
Sterngucker-Walzer
Potpourri

WO DIE LERCHE SINGT
(Dr. Willner und Reichert)
Verlag und Vertrieb Karczag
Uraufführung Budapest, Königstheater, am 1. II. 1918
(Direktor Beöthy László)

daraus:

„Ein Hauch, wie von Blüten", Duettszene
Schöne Margit: „Wo die Lerche singt", Lied
Auf dem Bankerl, Lied
Sonntag kommt mein Schatz: „Ich, du, er", Lied
Wer ist denn der Mann mit der schönen Frau?, Tanzlied
Das Lied von Temesvar: „Pali, sagt' mir einst die Mutter"
„Fern wie aus vergang'nen Tagen", Walzerlied
Was gehn' mich an die Leute, Lied
Durch die weiten Felder, Walzer
Wenn du willst, Walzer
Golden Foxtrott, Tanzszene
Potpourri

DIE BLAUE MAZUR
(Leo Stein und Jenbach)
Verlag und Vertrieb Karczag
Uraufführung Wien, Theater an der Wien, am 26. V. 1920
(Direktor Karczag)

daraus:

Ich bin zum letztenmal verliebt, Marsch
Ich darf nur eine lieben, Walzerlied
Mäderl, mein süßes Greterl
Tanzt der Pole die Mazur, Mazurka
Verrauscht sind längst der Jugend Zeiten, Gavotte
Was sich ein Mäderl erträumt, Walzersuite für Klavier
Wer die Liebe kennt, Walzer
Ja, ja, warum soll ich denn schlafen gehn, Lied
Polnische Romanze: „Du meiner Seele holder Abgott"
Was sich ein Mädel erträumt, Walzersuite für Klavier
Eine kleine Freundin hat doch jeder Mann, Foxtrott (Einlage. Text von A. Rebner — Drei Masken Verlag, Berlin)
Um acht beginnt die Nacht, Bummelstep (Einlage. Text von A. Rebner, — Drei Masken Verlag, Berlin.)

DIE TANGOKÖNIGIN
(Brammer und Grünwald)
Verlag Doblinger (Herzmansky), Vertrieb Karczag
Uraufführung Wien, Apollo-Theater, am 9. IX. 1921
(Direktor Trau)
(Mit Benutzung einiger Motive aus „Göttergatte")

daraus:

Der Walzer und die Liebe, die waren schuld daran, Walzerlied
Was uns Männer int'ressiert, Marschlied
Das hab ich gelernt im Pensionat, Lied
Braunes Mädel von Madrid, Tanzlied
Die Frau Gemahlin ist auf kurze Zeit verreist, Marschlied
Hampelmann-Duett
Wenn meine Gattin so küssen könnt, Walzerlied
Tango
Hallo, da ist Dodo! Tabarin-Step (Einlage. Drei Masken Verlag, Berlin)
Schatz, wir woll'n ins Kino gehen! (Einlage. Drei Masken Verlag, Berlin)

FRÜHLING
(Singspiel von Rudolf Eger)
Verlag und Vertrieb Drei Masken Verlag
Uraufführung Wien, „Hölle", am 20. I. 1922
(Direktor Trau)

daraus:

Nur ein Stückchen Batist, Foxtrott
Bei seinem ersten Stelldichein, Walzerlied
Blüht im Frühling der Flieder, Marschlied
Ein Muff aus Zobel, Shimmy
O, ich bin so verliebt in die Liebe, Onestep

FRASQUITA
(Dr. Willner und Reichert)
Verlag und Vertrieb Karczag
Uraufführung Wien, Theater an der Wien, am 12. V. 1922
(Direktor Karczag)

daraus:

    Alhambra-Shimmy
    Dolly-Onestep
    Fragst du mich, was Liebe ist
    Geh mit mir in die Alhambra, Tanzlied
    Hab ein blaues Himmelbett, Lied
    Ich gäb' was drum, wenn ich ein Mäderl hätt", Polkalied
    Karneval-Onestep
    Kinder, heut' fühl' ich mich wie zwanzig Jahr, Marschlied
    Sehnsucht: Schließ nur die Augen zu. Trancetrot
    Serenade (Hab' ein blaues Himmelbett)
    Silberglocken-Foxtrott
    Valse espagnole: „Schatz ich bitt dich komm heut Nacht", Lied
    Weißt du nicht, was ein Herz voller Sehnsucht begehrt, Walzerlied
    Wenn ganz sacht, über Nacht, Lied
    Wüßt ich, wer morgen mein Liebster ist, Lied
    Zigeuner-Shimmy
    Walzer
    Potpourri

LA DANZA DELLE LIBELLULE
(Libellentanz — Die drei Grazien)
(Lombardo — Dr. Willner)
Verlag und Vertrieb Karczag

Uraufführung Mailand am 27. IX. 1922
(Mit Benützung einiger Motive aus „Sterngucker")

daraus:

    Ob du willst oder nicht (Libellenlied)
    Unbekannte Fee, Lied
    Wenn ich lieb, lieb ich enorm, Tanzlied
    Beim Kino möcht ich sein, Tanzlied (Shimmy)
    Bambolina, geh' durch mit mir, Tanzlied
    Gigolette, Foxtrott
    Herz mein Herz, Valse boston
    Lieber guter Mond schau weg, Lied
    Potpourri

DIE GELBE JACKE
(Victor Léon)
Verlag und Vertrieb Karczag
Uraufführung Wien, Theater an der Wien, am 9. II. 1923
(Direktoren Karczag und Marischka)

daraus:

Immer nur lächeln, Lied
Von Apfelblüten einen Kranz, Lied
Ich möcht wieder einmal den Prater sehn, Lied
Li-Tsching-Lu, Lied
Wien, du mein Wien, Walzerlied
Wärst du jetzt bei mir, Lied
Vatter, such mir eine Braut, Marschlied
Chinesischer Onestep
Großes Divertissement

CLOCLO
(Béla Jenbach)
Verlag und Vertrieb Drei Masken Verlag
Uraufführung Wien, Bürgertheater, am 8. III. 1924
(Direktoren Fronz und Siegfried Geyer)

daraus:

Feurige Tänzer, Java
Geh' schön nach Haus zu deiner Frau, Foxtrott
Ich habe „La Garçonne" gelesen, Foxtrott
Ich suche einen Mann, Lied
Kinder, es ist keine Sünde (Himmelsgrammophon), Onestep
Komm, die Nacht gehört der Sünde (Einlage. Text von P. Herz.
   Drei Masken Verlag Berlin)
Nur ein einziges Stündchen, Walzerlied
Olé-Lola-Olé, Foxtrott
Pflück die Rose dir: Komm laß' dir ein Geheimnis sagen, Lied-Blues
Wenn man über fünfzig ist, Marschlied
Potpourri

PAGANINI
(Paul Knepler — Béla Jenbach)
Verlag und Vertrieb Crescendo Theater-Verlag, Berlin
Uraufführung Wien, Johann-Strauß-Theater am 30. X. 1925
(Direktor Müller)

daraus:

Einmal möcht ich was Närrisches tun, Tanzlied
Gern hab' ich die Fraun geküßt, Lied
Liebe, du Himmel auf Erden, Walzerlied
Niemand liebt dich so wie ich
Wir gehen in's Theater
Violin-Soli aus dem 1. und 2. Akt
Serenade
Großes Potpourri

DER ZAREWITSCH
(Jenbach — Reichert)
Verlag und Vertrieb Drei Masken Verlag, Berlin
Uraufführung Berlin, Deutsches Künstlertheater, am 21. II. 1927
(Direktor Saltenburg)

daraus:

Hab nur dich allein, Valse boston
Heute abend komm ich zu dir, Onestep
Ich bin verliebt, Walzerlied
Napolitana: „Warum hat jeder Frühling", Lied
Trinkt man auf du und du, Tango
Willst du? Foxtrott
Wolgalied: „Allein, wieder allein!"
Täglich frische, heiße Liebe, Foxtrott
Einer wird kommen, Lied
Wegerka, Foxtrott
Großes Potpourri
Siebzehn Jahre
Ballettszene

FRIEDERIKE
(Dr. Ludwig Herzer — Dr. Fritz Löhner)
Verlag und Vertrieb Crescendo Theater-Verlag, Berlin
Uraufführung Berlin, Metropol-Theater, am 4. X. 1928
(Direktoren Brüder Rotter)

daraus:
- All mein Fühlen, Duett-Lied
- Ein Herz wie Gold so rein, Lied
- Elsässer Kind, Tanzlied (Ländler)
- Gott gab einen schönen Tag
- Heut tanzen wir den Pfälzertanz
- Ich weiß nur, daß ich ihn liebe, Lied
- Intermezzo appassionata
- Kleine Blumen, kleine Blätter, Lied Friederikes
- Liebe seliger Traum
- Die Mädels sind nur zum Küssen da, Lied
- Menuett, Vorspiel zum 2. Akt
- O Mädchen, mein Mädchen
- O wie schön, wie wunderschön (Auftrittslied Goethe)
- Rheinländer
- Sah ein Knab ein Röslein stehn, Lied
- Schatz, Schatz
- Zwischenspiel vom 2. und 3. Akt
- Warum hast du mich wach geküßt
- Potpourri

DAS LAND DES LÄCHELNS
(Vollkommene Umarbeitung von „Die gelbe Jacke")
(Dr. Fritz Beda-Löhner, Ludwig Herzer, nach Victor Léon)
Verlag und Vertrieb Karczag
Uraufführung Berlin, Metropol-Theater, am 10. X. 1929
(Direktoren Brüder Rotter)

daraus:
- Ouvertüre
- Dein ist mein ganzes Herz, Lied
- Du bist so schön, du bist so lieb (Zig, Zig, Zig), Lied und Foxtrott
- Immer nur lächeln
- Laß eine Frau niemals allein, Lied
- Meine Liebe, deine Liebe, Lied und Shimmy
- Von Apfelblüten einen Kranz, Lied
- Wer hat die Liebe uns ins Herz gesenkt, Valse boston
- Große Fantasie
- Chinesischer Onestep

SCHÖN IST DIE WELT
(Vollkommene Umarbeitung von „Endlich allein")
In Vorbereitung

SONSTIGE KOMPOSITIONEN

Prag (1882—1888)

Idylle
Sonate à l'antique (G-dur)
Sonate (G-dur)
Sonate (D-moll)
Scherzo (E-dur)
Violinkonzert
Capriccio (As-dur)

Barmen-Elberfeld (1888—1889)

„In stiller Nacht, hörst du nicht flüstern?", Lied (Dichter unbekannt)

Wien (1889—1890)

Sérénade romantique für Violine mit Streichquartettbegleitung
Grillparzer-Festhymne
„Liebeszauber", Walzer, Cranz
„Rex Gambrinus", Marsch (Merkt), Bosworth & Co.
Persischer Marsch, Krenn

Losoncz (1890—1894)

„Vorüber", Lied (Emanuel Geibel), Schmidl, Triest
„Die du mein alles bist", Lied (Fischer), Hofbauer
„Ruhe", Lied (Komtesse Crebian), Hofbauer
„Wiener Zugvögel", Marsch, Ricordi
„Kaiserhusaren", Marsch, Ricordi
„Möcht's jubelnd in die Welt verkünden", Walzerlied, Röder
„Korallenlippen", Mazur, Röder
„Magyar dalok", Violinkonzert, Röder
„O schwöre nicht", Lied (Baronesse Fries), Röder
„Wiener Lebenslust", Walzer, Röder
„Schneidig voran", Marsch, Röder
„Erstes Herzklopfen", Polka fr., Röder
„Lyuk, lyuk", Marsch, Röder
„Vásárhelyi induló", Marsch, Röder

Sylphiden-Gavotte, Schmidl
„Magyar ábránd", Violinkonzert, Schmidl
„Magyar noták", Violinkonzert, Schmidl
„Magyar egyveleg", Violinkonzert, Schmidl
„Elfentanz", Tonstück, Schmidl, Triest
Oberst Baron Fries-Marsch
„Szegedi indulo", Marsch
„Losonczi indulo", Marsch
„Király hymnus", Hymne (Jókai)
Oberst Pacor-Marsch
„Aus längst vergangner Zeit", Lied (Baronesse Fries), Röder
Hochzeits-Marsch

Pola (1894—1896)

„Jugend-Ideale", Walzer, Röder
„Klänge aus Pola" (Le belle Polesane), Walzer, Schmidl
„Palmkätzchen", Walzer, Schmidl
„Le reveil du soldat", Tonstück
„Herzensgruß", Polka fr.
Avancement-Marsch
Saida-Marsch
„Auf hoher See", Marsch
„Vergißmeinnicht", Polka fr.
„Der Liebe Allmacht", Hymne
„Ein Märchen aus Tausend und eine Nacht", Tonstück, Krenn
„Il Guado", Symphonische Dichtung (Stechetti)
„Weidmannsliebe", Liederzyklus (Falzari), Eberle

Triest (1897—1898)

„Sangue Triestin", Marsch, Schmidl
Creta-Marsch, Schmidl
„Miramare", Liederzyklus (Falzari)
„Passa e non dura", Lied (Nelia Fabretto), Schmidl

Budapest (1898—1899)

Triumph-Marsch, Zipser
„Sujétion", Lied (André Barde), Berté

Wien (1899—1902)

„Der Träne Silbertau", Lied (Merkt), Burzer, Wien
„Auf nach China", Marsch, Schmidl
„Am Klavier", Gavotte (Merkt), Burzer, Wien
„Gold und Silber", Walzer, Bosworth & Co.
„Jetzt geht's los", Marsch (Schik von Markenau), Röder
„Ohne Tanz kein Leben", Walzer, Doblinger
Paulinen-Walzer, Doblinger
Concordia-Walzer, Doblinger
„Mädchenträume", Walzer, Doblinger
„Stadtpark-Schönheiten", Walzer, Doblinger
„Angelika", Walzer, Doblinger
„Liebchen traut", Lied (Anton Lehár)
„Michael, Großfürst von Rußland", Marsch
Vorspiel und zwei Zwischenspiele zu „Fräulein Leutnant"
Scanagatta-Marsch, Musikblätter
„Im Boudoir" (Merkt), Bard & Bruder
„Georg Stromer", Introduktion
Duett aus der unvollendeten Operette „Die Kubanerin"
Münchner Marsch, Chmel, Wien
Nachtlichter-Marsch, Chmel, Wien
„Wiener Humor", Marsch
„Wiener Mädel", Marsch, Weinberger

Wien (1902—1914)

„Die Näherin", Lied (Lindau), Bosworth & Co.
„Geträumt", Lied (Egéd), Bard & Bruder
„Liebesglück", Lied (Lehr), Bard & Bruder
„Die Liebe zog vorüber", Liederzyklus (Eisenschitz), Doblinger
„Ich will nicht vernünftig sein", Lied (Graf Adalbert Sternberg)
„Das goldne Ringlein", Lied (Bruckner)
„Der windige Schneider", Lied (Rudolf Hans Bartsch), Musikblätter
„Schlummernde Gluten", Mazur
„Eine Vision", Ouvertüre, Doblinger
La Plata-Tango, Krenn, Wien
„Fata Morgana", Gavotte, Schmidl

Weihnachts-Walzer
„Messze a nagy erdö", Lied (Gábor Andor), Alrobi
„Zigeunerhochzeit", Ballettszene, Karczag
Mariska „Hör ich Cymbalklänge", Lied und Csardas (Bodanzky), Rondo
„Mondd mamácskám", Lied (Pasztor Arpad)
„Pierrot und Pierrette", Walzer, Kistner & Siegel
„Pikanterien" (Asklepios-) Walzer, Doblinger
Paradies-Walzer
„Schwärmerei", Walzer, Karczag
„Friedl", Walzer
„Das Leben ein Traum", Walzer
„Wilde Rosen", Walzer, Edition Brüll
„Weißes Kreuz", Walzer
„Rund um die Liebe", Walzer, Doblinger
„Wiener Lebensbilder", Walzer
„Im Zeichen des Frühlings" (Primavera), Walzer, Sperling, Wien
Polonaise royale
Valse américaine
Mazurka
Printemps d'amour, Valse
Danse exotique
Sons d'Ischl
Ländler
Humeurs d'automne, Valse
Plaisanterie, Polonaise
Valse des fleurs
Menuett
Caprice, Valse
Türkischer Marsch, Krenn, Wien

Wien (1914—1918)

Reiterlied (Zuckermann), Krenn, Wien
„Nur einer . . .", Lied (Fr. v. van Oestèren)
„Kriegslied der Verbündeten", Lied (J. Schnitzer), Doblinger
„Ich hab' ein Hüglein im Polenland" (Dankwart Zwerger), Krenn

„Fieber", Symphonische Dichtung für großes Orchester und eine Solostimme (Erwin Weill), Krenn, Wien
„Gendarmerielied" (Dr. Anton Norst), Krenn, Wien
„Sibirische Wacht" Lied (Eduard Maier-Halm)
„Karpathenwacht", Lied (J. Schnitzer-Harsanyi Zsolt), Karczag
Trutzlied (Dr. Fritz Löhner), Krenn, Wien
Huszár dal (Kalmár Tibor)
„Salve Sancta Barbara", Lied, Krenn, Wien
„China-Batterie", Marsch
„Nimm mich mit, o Herbst", Lied (Fritz Karpfen), Krenn
„Wiener Landsturm", Marsch
Chodel-Marsch des 13. Landsturm-Regiments
„Lehár Fiuk", Marsch (Szabo Gyula)
Piave-Marsch des 106. Regiments (Szabo Gyula)
Boroevic-Marsch, Rozsavölgyi és Tarsa
Kövess-Marsch

Wien (1919—1925)

„An der grauen Donau", Walzer, Ed. Brüll
Walzer zu der Komödie „Walzer" (Ruttkay), Krenn, Wien
„Aus der guten alten Zeit", Walzer, Herzmansky
„Amours", Liederzyklus (Marcel Dunan), Pierrot-Verlag
„Eine kleine Freundin" Lied (Rebner), Drei Masken Verlag
„Um acht beginnt die Nacht", Lied (Rebner), Drei Masken Verlag
„Wenn eine schöne Frau befiehlt", Lied (Robitschek), Drei Masken Verlag
„Man sagt uns schönen Frauen nach", Lied (Vallas), Fischer & Singer
„Gigolette", Foxtrott, Lied (Dr. Willner), Wiener Bohème-Verlag
„Erste Liebe", Valse Boston, Lied (Beda), Wiener Bohème-Verlag
„Morgen vielleicht", Lied (Dr. Willner), Fischer & Singer
„Vöglein in der Ferne", Konzert-(Koloratur-)Lied (Beda), Ed. Brüll
Romanze für Violine, Cranz

Wien—Berlin seit 1925

Das macht der Liebe doch kein Kind (Gigolette), A. Rebner
Do-Re-La (Mia cara, Mia bella Dorela) Walzer-Romanze (Beda)
Eine schöne Stunde, die man nie vergessen kann, Lied (P. Herz)

Es ist zu schön, um wahr zu sein (Si troppo bello essere vero), Lied (P. Herz)
Frauenherz, du bist ein kleiner Schmetterling (P. Herz)
Ging da nicht eben das Glück vorbei! (P. Herz)
Hallo, da ist Dodo, Tabarin-Step (Brammer und Grünwald)
Ich hol' Dir vom Himmel das Blau, Slowfox (Schanzer u. Welisch)
Kiss me, my Darling, Foxtrott (Alex. Vallas)
Komm, die Nacht gehört der Sünde, Foxtrott (P. Herz)
Komm zu mir zum Tee, Paso doble (P. Herz)
Kondja, schenk mir die Nacht, Tango (Rebner und Herz)
Sari, Onestep (K. Robitschek)
Schatz, wir woll'n ins Kino gehn (Brammer und Grünwald)
Schenk mir eine Stunde, die ich nie vergessen kann (P. Herz)
Serenade für Violine (Fritz Kreisler gewidmet), Verlag Bote & Bock
Sternennächte, Walzer
Wo mag mein Jonny wohnen? Hawaian Song (P. Herz)
Vindobona, Schlaraffenlied (Karl Hotschewer)
Schlaraffenlied, (Wien)
Rotary Hymne (Dr. Fritz Löhner-Beda)
Walzer von heut nacht (Frau'n, die heimlich sich nach Küssen sehnen ...)
  Bohème-Verlag

Sechs Orchester-Kompositionen (Verlag W. Karczag):

1. Zigeunerfest, Ballettszene
2. Spiegellied
3. Märchen aus 1001 Nacht, Scène phantastique
4. Fata Morgana, Gavotte
5. Marche exotique
6. Russische Tänze

Franz Lehár: ENDLICH ALLEIN, Operette
(Faksimile-Druck nach dem Manuskript)

Flöte.
2.Fl.ud.Pic.
Oboe 1.2.
Clarin.in
Fagotti 1.2.
Corni in
Tromp. 1.2. in
3 Posaunen.
Tympani in
Cas.u.kl.Trom.
Triangl.

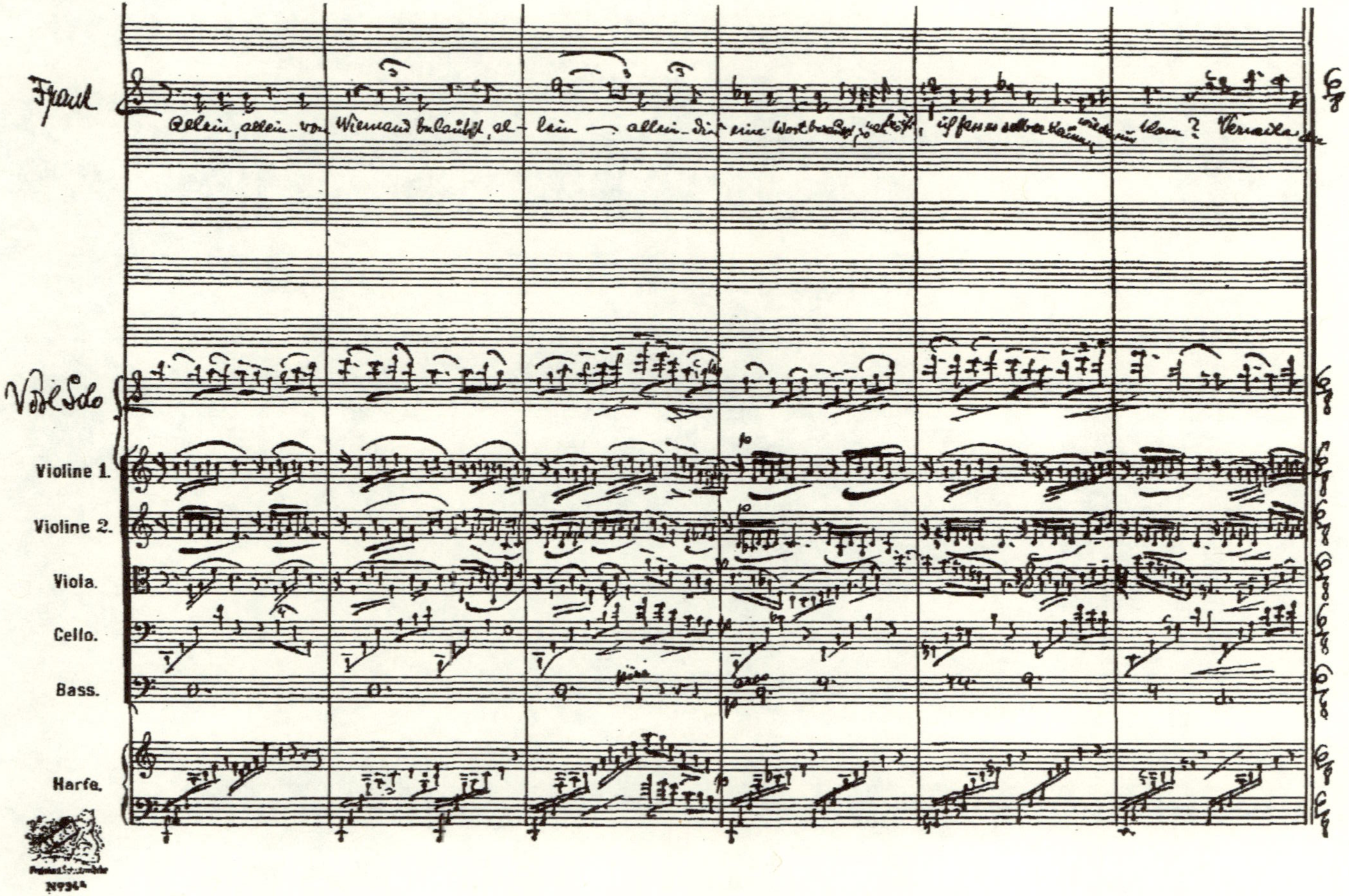
Violine 1.
Violine 2.
Viola.
Cello.
Bass.
Harfe.

www.ingramcontent.com/pod-product-compliance
Lightning Source LLC
Chambersburg PA
CBHW021714230426
43668CB00008B/834